温柔教养的父母话术

李静 ———— 著

苏州新闻出版集团
古吴轩出版社

图书在版编目（CIP）数据

温柔教养的父母话术 / 李静著. -- 苏州 ：古吴轩
出版社，2024.5
ISBN 978-7-5546-2349-7

Ⅰ．①温… Ⅱ．①李… Ⅲ．①儿童教育－家庭教育
Ⅳ．①G782

中国国家版本馆CIP数据核字（2024）第072615号

责任编辑：李爱华
策　　划：周建林　吴海燕
装帧设计：尧丽设计
版式设计：林　兰

书　　名：温柔教养的父母话术
著　　者：李　静
出版发行：苏州新闻出版集团
　　　　　古吴轩出版社
　　　　地址：苏州市八达街118号苏州新闻大厦30F
　　　　电话：0512-65233679　　　邮编：215123
出 版 人：王乐飞
印　　刷：水印书香（唐山）印刷有限公司
开　　本：670mm×950mm　1/16
印　　张：10
字　　数：90千字
版　　次：2024年5月第1版
印　　次：2024年5月第1次印刷
书　　号：ISBN 978-7-5546-2349-7
定　　价：46.00元

如有印装质量问题，请与印刷厂联系。010-89565680

前言

　　这本书是写给 3~12 周岁孩子的父母的。为什么是 3~12 周岁呢？因为这个年龄段正是一个人一生中的关键期——童年。

　　童年，对一个人一生的发展都有着非凡的影响力。

　　著名发展心理学家埃里克森认为，在 3~12 周岁期间，如果父母培养得好，孩子会获得很多优秀的品质，如自主、勤奋、自信等。

　　孩子能否在这个关键阶段获得很好的成长，取决于父母的养育。这里的养育，不仅指身体的呵护，还有心灵的哺育、情感的滋养。

如果父母在这个阶段随意打骂孩子，冷言冷语，或是对孩子过于严苛，总是讽刺、贬低孩子，就会使孩子产生阴影，导致孩子性格和心理扭曲，难以和自我、外界达成和解，以致一事无成。

　　相反，如果父母在这个阶段能够尊重孩子的天性，提供恰当的心理支持，以富有智慧和包容的温柔话术引导孩子、养育孩子，就会为孩子一生的发展奠定坚实、稳定的基础。

　　本书通过数十个真实、常见的育儿场景，借助儿童心理学、脑科学、教育学等方面的知识为父母们展示如何在特定的场合下以温柔的话术引导孩子，从而培养孩子良好的品质、稳定的情绪、优秀的习惯。

　　比如，当孩子情绪失控、发脾气时，当孩子在外面受了委屈、被欺负时，当孩子面对压力感到担心、焦虑时，父母如何用关爱、理解的语言接纳和回应孩子的负面情绪，安抚孩子的心灵。

　　再比如，当孩子说谎、挑食、写作业拖拉时，父母如何正向地引导孩子改掉不良习惯。

　　…………

可以说，温柔地陪伴一个小生命从小长到大，对很多父母来说都是一场独特的修行，父母们要做好很多准备。

孩子的成长有自己的规律，家长如果能够了解这些规律，发自内心地尊重孩子的天性，就会对孩子多一些理解和包容，就会耐心地倾听孩子的需求和感受，就能心气平和地跟孩子沟通，赢得亲密有爱的亲子关系。

比如，4 岁儿童的大脑发育情况虽然已达到成年人的 80%～90%，但额叶的发育还极不成熟。而额叶的主要功能是控制个体的精神活动，一个人只有长到 25～30 岁，额叶才能完全发育成熟。

了解这些之后，当一个 4 岁的小娃娃在你面前乱发脾气，在墙上乱涂乱画，甚至咬人的时候，你就会理解，这个娃娃还小，他无法像成人那样很好地控制和处理自己的情绪。想到这些，你就不会那么生气了，也就不会认为他是在胡闹，而是清楚地知道，这个小娃娃只是在学习和探索，并不是故意要和你对着干。身为父母，我们要允许他表达这些强烈的情绪，而不是压抑和控制。不被允许的情绪，最终可能会以更极端的方式爆发。所以，我们要引导孩子学习以一种更安全和更可被接受的方式来表达情绪。

父母的温柔话术沟通其实是一种省时、省力的高性价比育儿方式，它可以让家长在优质带娃的同时滋养自己。如果能做到温柔地沟通、温和地养育，我们就可以和孩子一起创造这样一个未来：孩子在父母温柔的引导下远离伤害和情绪困扰，父母也不再因为孩子的抵触、对抗而歇斯底里，继而心怀愧疚，而是在温柔陪伴孩子成长的过程中，不断发现自身新的可能性，进而不断完善自我，甚至和孩子一样，发展出一个崭新的自我。

　　这样的未来，值得每位父母努力一试。

目录

第一章

用共情代替忽略——
温柔教养让孩子备受滋养

爸爸知道你很生气……

"这孩子发起脾气来，大人都得躲着他。"

"我家的小魔王，动不动就发疯，让我们很没面子。"

"现在的孩子咋这么难管啊?！"

这可能是不少家长都曾有过的慨叹。孩子不听话、爱顶嘴、爱发脾气的确会让很多家长束手无策，以致产生以下教育误区。

❤1 强权压制

一些家长面对发脾气的孩子，常常会十分恼火，认为如果任由孩子妄为，大了以后就更没法管教了，于是采取强硬措施，大声斥责、恐吓孩子：

> ⊗ "还作?! 再作我就揍你！"
>
> ⊗ "再闹你就滚出去！这个家没有你才好呢！"

面对强势父母，有的孩子可能会变"乖"，事事顺从，但实际上，他可能不再信任父母，不愿再和父母交流。这样的孩子如果在成长的过程中遇到困难，他们会更倾向于向父母之外的人求助；如果遇人不淑，则极有可能误入歧途。

❷ 无所作为、放任自流

面对难教育的孩子，有的父母会失去信心，对孩子采取听之任之的态度，无论孩子表现如何，父母都置身事外。有的父母甚至把下面这些话当作口头禅：

> ⊗ "反正你也不听我的，我也懒得管你。"
>
> ⊗ "你爱咋咋地，别来烦我。"

父母的这种失职行为会导致孩子在成长的过程中缺乏引导，从而行为产生偏差，甚至成为问题儿童。

面对孩子发脾气、顶嘴、情绪失控等情况，父母一定要多一些耐心和定力，避免被孩子的情绪带偏，不妨把自己置换为旁观者的角色，先让自己冷静下来。

如果是年纪较小的孩子在发脾气，比如四五岁的孩子，这时，父母最好不要和孩子讲道理，只要孩子不伤害自己和他人，父母就可以静静地在旁边陪着孩子，给孩子一点儿时间来宣泄情绪。较小的孩子情绪来得快去得也快。当孩子恢复平静后，家长可以拥抱孩子，然后问问以下问题：

> ◎ "爸爸知道你很生气，是因为贝贝吃光了你的蛋糕吗？"
>
> ◎ "宝贝这么伤心啊？是不是因为爸爸刚才在电话里批评你了？"

较小的孩子不善于表达情绪，父母可以多猜猜孩子的心事并替他表达出来。这样做的好处有 3 个。第一，让孩子觉得父母在努力理解自己、关注自己，心理上会得到很大的满足。第二，如果家长猜对了，对孩子来说也是非常好的宣泄。因为很多情绪一旦被言语化之后，就会被转化和消除。第三，父母给孩子做了一个很好的示范，即有情绪可以表达出来，而不必哭闹、发脾气。

当年龄较大的孩子发脾气、大吼大叫时，父母更要冷静，不妨先告诉孩子：

◎ "等你冷静下来，我们再谈。"

◎ "你小声说话，妈妈也听得清，小声一点儿，好吗？"

◎ "你现在这么激动，爸爸没法和你对话，以后再说。"

孩子发脾气、情绪失控的原因有很多，如果父母能够找到原因，站在孩子的角度，理解孩子，就能有更好的应对办法。

心理学家总结孩子发脾气的原因主要有以下几种。

1 孩子处于叛逆期

孩子在成长的过程中会经历 3 个叛逆期：宝宝叛逆期（2~3 岁）、儿童叛逆期（6~8 岁）和青春叛逆期（12~18 岁）。处于叛逆期的孩子，内心充满了冲突，一方面渴望凡事自己做主，另一方面又离不开家长的引导，这让他们有些迷茫，这种冲突和迷茫会让孩子常常发无名之火。

对于这种情况，家长要多给予理解，要更加耐心、细心和用心。在语言上，要尽量避免使用"你应该""你必须"这类带有命令性和强制性的措辞，尽量多用商量的口气，比如：

◎ "你看这样行不行？"

◎ "我们这样做好吗？"

◎ "你说得非常对！不过，要是……就更好了。"

这种征求意见式的口吻会让孩子有被尊重、被平等对待的满足感，这恰恰与他们自以为已经是大人的心理相吻合，可以增进孩子和家长的合作，减少对抗。

2 孩子想吸引大人的注意力

雯雯的妈妈发现，自从二女儿出生以后，大女儿雯雯变得特别爱发脾气，总在一些小事情上和父母闹别扭，惹父母生气、训她，然后她就借此大发脾气、哭闹，要安抚很久才能平静下来。经过细心观察，妈妈发现雯雯总是在父母表现得更关心妹妹的时候开始发怒，表现出各种无理取闹的行为。学过一点儿童心理学的妈妈意识到，雯雯的表现可能是想让父母多关注她一些。

于是，当雯雯再一次闹起来时，妈妈温和地抱着雯雯，直到她平静下来。妈妈试探着问雯雯："你刚才又哭又闹，还摔东西，是不是因为妈妈陪着妹妹看绘本，没有陪你？"雯雯沉默了好一会儿，才抽抽搭搭地说："你们总是对妹妹那么好，是不是不喜欢我了？"

"傻姑娘，妈妈怎么会不喜欢你呢？你可是爸爸妈妈的心肝宝贝呀！爸爸妈妈现在照顾妹妹多一些，是因为她太小了，很多事情她自己做不了。你在妹妹这么小的时候，爸爸妈妈也是这样照顾你的。你现在大一些了，很多事情都能自己做了，爸爸妈妈也相信你能做好，所以不会再像照顾小小孩一样照顾你，但爸爸妈妈对你的关心和爱一点儿也不比对妹妹的少。"

听了妈妈的话，雯雯的情绪缓和了很多，也不再抗拒妈妈的拥抱。此后，雯雯的父母也更加关爱雯雯，花更多的时间陪雯雯。慢慢地，雯雯的情绪平和了很多，很少再无缘无故地发脾气了。

年龄小的孩子往往以自我为中心，想占有成人的全部关注，一旦这种需求不被满足，他们就会产生很大的心理落差，引发很多负面情绪，但又无从表达，就只好以发脾气的形式来引起大人的注意。多子女家庭的父母一定要留心这方面的情况。

❤3 挫败感引发无名火

孩子在成长的过程中要面临很多难题，而他们又往往缺乏相应的应对能力，这就会使他们产生严重的挫败感。这种挫败感积攒多了就会变成怒气，而孩子控制情绪的能力又很弱，不会用语言来表达、宣泄情绪，往往只会以最直接的行动来宣泄，比如吼叫、摔东西、哭闹等。

对此，父母要给孩子宣泄情绪的权利，不要压制孩子。如果条件允许，可以安静地、全神贯注地全程陪伴孩子发脾气，这等于告诉孩子爸爸妈妈很在意他。待孩子冷静之后，再询问原因，同时给孩子引导和支持。

❤ 4 逃避责任

有的孩子不小心犯了错误，担心被父母打骂，就会借助哭闹、发脾气的方式转移父母的注意力，以逃避被父母惩罚。

比如，孩子在玩耍时不小心打碎了花瓶，可能会哭闹不停。对此，父母在确认孩子不是故意犯错的情况下，不但不要责怪孩子，反而要安抚孩子：

> ◎ "我知道你不是故意的，没关系，妈妈不怪你。"
>
> ◎ "别害怕，你来帮爸爸收拾一下吧……"

孩子发脾气虽然令人头疼，但家长如果足够冷静、有耐心，多换位思考，多思考孩子行为背后的心理需求，就会找到很好的解决之道。

　　另外，父母也要注意管理好情绪，不要动辄勃然大怒，否则孩子会有样学样。同时，也要给孩子立规矩。要引导孩子明白：发脾气并不能解决问题，要学会表达情绪、管理情绪。

马上就好

脾气暴躁的孩子固然让人头疼，但还有一类孩子更让人头疼。这类孩子遇到很小的事便会莫名其妙地哭起来，比如头被门框蹭到了、胳膊被小朋友抓了、手被弟弟拍了……他会哭个不停，感觉要哭上一整天，以至于如果偶尔有一天他没怎么哭，家长可能都觉得奇怪。细心的家长会发现，这类爱哭的孩子往往是有大人在身边的时候会哭个不停，身边空无一人时反而哭不起来。

习惯性哭闹的孩子让人头疼，有的家长会粗暴地制止孩子。

⊗ "一天到晚就知道哭，烦死了！"

⊗ "把嘴闭上！不然今天别想出去玩！"

⊗ "哭什么哭！有事不能好好说吗?！"

这样的怒斥除了会让孩子更加伤心之外，还可能会增加孩子的无助或愤怒。哭原本是他宣泄情绪的方式，家长的怒斥让孩子迫于威压不得不把情绪压制在心里；长期下去，这些被压制的情绪要么以愤怒的形式爆发出来，要么会让孩子觉得表达情绪是不对的，从而变得茫然无助。

那么，面对爱哭的孩子，家长要怎么办呢?

无论如何，家长不能因为孩子习惯性哭闹就置若罔闻，而是要表现出恰当的关心，并试着转移孩子的注意力。比如，把孩子从客厅带到卧室，单独陪他一会儿。如果面对的是年龄较小的孩子，家长可以陪他做做折纸、手偶、涂鸦等游戏，引导孩子慢慢参与进来。如果引导成功，孩子就会在游戏中忘记哭泣和委屈。

如果家长能够猜到孩子是因为什么哭闹，也可以通过解决该问题来转移孩子的注意力，比如：

⊘ "哦? 是玩具坏了吗? 咱们一起来看看，能不能修好它！"

> ⚪ "是手指划破了？不过没出血。来！和妈妈去找一块创可贴，把它包起来。"

一般来说，孩子非爆发式的哭闹，其原因都不会太严重，家长要做的就是恰当地安抚孩子的情绪并转移其注意力。如果造成孩子哭闹的事件比较严重，家长也不要过于紧张，尤其是在孩子面前，要表现得更加沉着冷静，不要让孩子感觉到问题十分严重。

家长处理事情的方式给了孩子一个示范：这些都是小事，没什么大不了的。孩子受到感染，可能会减少因为小事情而引发的哭哭啼啼。

一位做事果决的新手妈妈分享自己的育儿技巧时曾说过这样一个例子：

> 儿子有一段时间总是因为一些小事情缠着她，比如：被蚊子咬了一个包，会闹着让妈妈挠；脚趾踢到了门角，也会一瘸一拐地来找妈妈……
>
> 这位妈妈的做法就是——如果手边碰巧有碘酒一类的药水，就给孩子轻轻点一下，然后对他说："马上就好。"

如果手边什么都没有，就会对着孩子"受伤"的手或脚吹几口气，然后说："马上就好。"如此孩子就会心满意足地跑到一边继续玩。

这样做了几次之后，这位妈妈发现，孩子会模仿她的做法，对着自己的"伤口"吹气，然后再说一句"马上就好"。

"马上就好"这短短 4 个字，如同一个可以引发奇迹的咒语，表达了妈妈对孩子的恰当关注，同时也会让孩子得到很好的安慰。当孩子明白自己的问题可以被父母及时关注并轻松解决时，他可能就不会再通过长时间的哭闹来博取父母的注意了，反而会对父母能够迅速采取恰当的措施而感到心满意足，并很快把注意力转移到更感兴趣的事情上去。

年龄大一点的孩子，如果仍然有爱哭闹的行为，家长要让孩子明白，哭闹是不能解决问题的。遇到问题时，要积极想办法或是寻求成人的帮助，哭闹只会延误问题的解决。

当孩子哭闹时，父母可以先握住孩子的手，这样的肢体语言一方面可以传递力量，另一方面可以更直接地和孩子建立起情感联结，然后语气平和地引导孩子说出自己的困难，比如：

◎ "你这样哭，妈妈很担心，能说说为什么吗？说不定爸爸妈妈能帮你解决呢。"

◎ "老师的批评让你很委屈呀？你觉得她哪里说得不对呢？"

◎ "莉莉她们今天没和你一起玩，你觉得她们不理你了？"

年龄偏大的孩子哭闹时，父母更要主动沟通，一方面可以帮孩子疏解负面情绪，另一方面可以帮孩子分析、梳理问题，寻找解决的办法。一般来说，年龄偏大的孩子的情绪问题除了学业压力之外，往往和同伴关系有关。孩子缺少同龄人的陪伴、沟通也会引发很多情绪问题。因此，父母可以在日常沟通中多引导孩子关注自己的人际交往，比如：

◎ "今天陪你出校门的那个同学是你的好朋友吗？"

◎ "大课间的时候，你和谁一起玩了？"

◎ "那天来咱们家的小博，性格很开朗，你觉得呢？"

如果孩子的同龄伙伴足够多，当遇到情绪问题或是感到压力大时，他就可以通过和伙伴的沟通来消解压力、解决问题。如果孩子能有一两个可以说知心话的朋友，家长就更应该高兴了。

　　另外，家长对孩子要有合理的期待，不要给孩子太大压力，还应该教会孩子一些管理情绪的技巧，比如唱歌、听音乐、涂鸦、写心情日记等。

你是不是很不情愿

　　懂得分享，不仅是一种美德，更是一种社会交往能力。愿意分享的人往往更容易和他人建立友谊，更容易获得和谐的人际关系，遇到困难时也能得到更多的帮助，所以，很多家长非常注重培养孩子爱分享的品质。但是，家长们也发现，这其实是一件很有挑战性的事情。因为多数孩子是"自私"的，不愿意把自己的玩具、书籍和他人共享。为此，不少家长感到十分担忧、生气，甚至还会责备孩子：

⊗"你这么自私，没人愿意和你玩！"

⊗"给小妹妹玩一会儿怎么了，你怎么这么小气？"

⊗"你真自私，没人喜欢你。"

更有甚者，有的家长不顾孩子是否愿意就自作主张，把孩子的东西拿出来给其他孩子玩，或是干脆送人。家长的这类言行不但会让孩子变得更加不愿分享，而且还会伤害孩子的自尊心。

孩子不愿意和他人分享自己的东西其实是很正常的事情，一些儿童教育专家经过多年的观察、研究发现，孩子只有到了五六岁的时候，才愿意主动分享，而在这之前，孩子想得更多的是"这是我的"。恰恰正是这种"占有"行为，帮助孩子逐步感受到"我"的存在，进而促进"自我"的诞生。所以，从这个意义上来说，小孩子的"自私"恰恰是他们健康成长的必经之路。

稍大一点的孩子仍不愿意分享的话，可能是因为他们并不理解分享的真正意义。很多孩子往往把大人口中的"分享"看成是一种"失去"——自己喜爱的东西被别人拿走了，再也回不来了。所以，家长要引导孩子理解什么是真正意义上的分享。

✓"这个玩具能给弟弟玩一会儿吗？他玩一会儿就还给你。"

> ✅ "宝贝，你可以和小丽一起来读这本书，然后说说你们都读到了什么。"
>
> ✅ "爸爸上学的时候，参加过一个读书小组，每个人分享一本书，就可以读到其他人分享的另外几本书，特别棒！"

还有的孩子比较谨慎，自己十分珍视的东西就是不愿意让别人碰。这种情况下，家长一定要尊重孩子的意愿，把分享的自主权交给孩子：

> ✅ "你不愿意给别的小朋友玩这个玩具也没关系，你自己决定。"
>
> ✅ "你是怕这个小朋友弄坏你的小卡车吗？那就把它收好，遇到喜欢的小朋友再一起玩吧。"

如果家长强迫孩子分享，不但很难让孩子感受到分享的乐趣，而且反而会让他们产生以下想法："爸妈更喜欢那个小朋友，并不喜欢我。""我以后要主动把玩具给别人，爸妈才会夸我，别人才会喜欢我。""喜欢的东西我一定要藏好，不然就会变成别人的了。"

也有一些孩子，有很强的自我中心倾向，在他们眼中，所有的好东西都应该是自己的，他们不仅不愿意分享，而且还会把别人的好东西占为己有。

对于这样的孩子，家长要提早进行引导。比如在孩子很小的时候，请他帮忙给大人分发水果。可以把一个水果切成几块，然后告诉孩子："这一块是宝宝的，这一块是爷爷的，这一块是奶奶的，把爷爷奶奶的给他们送过去吧……"这样，让孩子从小就养成爱分享的习惯，随着年龄的增长，当他发现分享的乐趣时，他就会变得更大方。

要想培养孩子愿意分享的品质，还有一个重要的方法，就是让孩子在与他人的分享中"有所得"，让孩子发现分享的乐趣。比如：

◎ "你喜欢佳佳的变形金刚呀？那你问问他，可不可以用你的乐高和他交换变形金刚玩一会儿。"

◎ "你有两块葡萄味的糖果，要不要和丽丽换一块夹心的？"

◎ "你手里的芭比娃娃是阳阳给你的？那你想不想送她一块蛋糕，感谢她让你玩了一上午的娃娃？"

引导孩子感受分享的乐趣，就会在无形中鼓励孩子更主动地去分享。一旦孩子能够主动与他人分享，家长一定要及时给予表扬和赞许，强化孩子对这种行为的认可。

虽然分享是美德，是孩子成长路上的必修课，但家长千万不要急于求成。如果孩子一时不愿意与人分享，那可能是时机未到，或是家长需调整自己的引导方式，千万不要粗暴地给孩子贴标签，指责孩子"自私""小气""不讨人喜欢"，更不能强迫孩子被动地与人分享，甚至是自作主张地拿孩子的东西送人。这些做法只会适得其反，让孩子越来越抵触分享。

父母在引导孩子学会分享的过程中，要让孩子学会通过分享实现共赢，同时也要让孩子明白他也拥有不分享的权利。要让孩子知道，分享是一种平等的礼尚往来的互惠关系，是朋友之间发自内心的诚挚邀请，而不是委屈自己，单方面地付出去讨好他人。只有孩子真正懂得分享的意义时，他才会收获更多的快乐，获得更多的朋友。

别怕，有妈妈在

今年 6 周岁的小博刚上小学一年级，小博的妈妈自从开完家长会，就一直很焦虑。因为家长会后，老师私下里提醒她说，小博太怯弱，不愿与他人交往。课上提问时，小博从来不主动举手，就算被点到名也只站着不说话。下课后，他的同桌几次拉他出去玩，他都不肯，就在树下自己玩。有两次，老师发现同班调皮的孩子逗弄小博，把他推倒了，小博也不还手、不告状，老师关心地问他为什么不还手，他声音小得像蚊子一样，说"不敢"。小博的妈妈听了老师的话后既心疼又着急。

像小博妈妈一样，因为孩子胆怯而头疼的家长不在少数。我们常常会听到他们担心又着急地抱怨说：

"我们家孩子特别怕生，都 6 岁了，还是男孩呢，一到外面就不敢说话，偶尔开一次口就跟蚊子哼哼一样。"

"这孩子什么都好，就是胆子太小，干什么都是缩手缩脚的，看着就着急。"

"对这个孩子，我是既心疼又着急，他在学校里特别不合群，人家找他玩他都躲着，总是这样，以后可怎么办？"

的确如此，孩子过度胆怯、害羞、怕生，被欺负了也不敢声张，遇事退缩等如果不加以正确引导，就会影响他们社交能力的发展，甚至会引发心理或人格问题。这类孩子承受挫折的能力往往很差，主要表现为他们无法像其他孩子一样面对正常的挫折、压力，遇到一点点失败或是不顺心就会痛不欲生；适应环境的能力也很弱，每到一处新环境，遇到新的老师或同学，这类孩子就会紧张、焦虑；他们对新鲜事物毫无兴趣，缺乏儿童应有的好奇心、探索欲。对此，不少家长看在眼里，急在心上，恨铁不成钢。一些性格急躁的家长还会出言责骂孩子：

⊗ "畏畏缩缩的，像个什么样子?!"

⊗ "一个男孩子这么胆小！真是窝囊废！"

⊗ "你可真没出息！"

⊗ "怕什么怕！人家能吃了你吗？"

⊗ "说话大点儿声！真给我丢脸！"

结果，这些家长多半会发现，他们越是这样教育孩子，孩子就越胆怯、畏缩。

其实，孩子胆小怕事、缩手缩脚、不够独立，除了少部分是遗传了父母的性格之外，更多的是和父母的教育方式有关，比如以下几种。

1 过度保护

很多独生子女家庭，往往是爷爷、奶奶、姥姥、姥爷、爸爸、妈妈6个大人照顾一棵独苗，一大家子对这个孩子呵护备至，生活中事无巨细，都被安排得周周到到。本来孩子可以自己处理的事情，却都被家长一手包办了。有的家长还对孩子的安全问题过度担忧，不敢让孩子和同龄人一起玩，怕被欺负。这样的养育方式其实是对孩子的过度保护，剥夺了孩子锻炼自己的机会，也扼杀了孩子独立自主的能力。

这样的孩子有着强烈的依赖心理，一旦独立面对外部环境或陌生人时，就会不知所措，表现得怯懦、无助。

对此，家长一定要学会放手，要明白：与其为孩子准备他所需要的一切，不如培养孩子敢于争取一切的勇气。家长要多鼓励孩子：

> ⟨✓⟩ "你试试看，别怕，有妈妈在。"
>
> ⟨✓⟩ "别担心，万事开头难，做起来就好了。"
>
> ⟨✓⟩ "爸爸给你示范一下，要这样……你也来试试。"

❤2 过于严苛，不允许孩子犯错

有的家长有完美倾向，对孩子要求过高，孩子稍有差池，就严厉批评，还以为这样是对孩子好。殊不知，这样的家庭氛围，会让孩子整天生活在惊恐中，时刻提心吊胆，生怕有什么错误被家长发现，招来打骂。这样的孩子，往往会因为自卑而表现得胆小怯懦、唯唯诺诺。对此，家长要反省自己的教育方式，多包容、鼓励孩子：

> ⟨✓⟩ "做不好也没关系，谁都有失败的时候。"
>
> ⟨✓⟩ "爸爸也总犯错，多尝试几次就好了。"

"这件事做起来其实并不难，你先试试。"

❤ 3 过度谨慎，限制孩子的自由

还有一些家长对养育孩子比较焦虑，总担心孩子会出意外，怕他磕着、摔着，还总是有意无意地提醒孩子要小心这个、小心那个，恨不得孩子 24 小时都在自己的视线范围内，孩子没有半点儿自由，几乎成了家长的牵线木偶。在这样的养育方式之下，孩子不但会变得胆怯，而且，他们的灵活性、主动性都会受到限制，表现得木木的，缺少灵气。

对此，家长要想办法释放自己的焦虑，把自由还给孩子，同时还要引导孩子：

"大胆做！做错了妈妈帮你。"

"老师说你今天上课举手发言了，真棒！"

"学校有兴趣小组吧？妈妈建议你报名参加，培养兴趣，还能认识新伙伴，好不好？"

引导一个胆怯、自卑的孩子变得胆大、自信，不是一件容易的事情，家长一定要有一颗平常心，不急不躁。同时，家长还要对孩子多一些同理心，试着共情、理解和安抚孩子的恐惧和不

安，让孩子感受到他在父母这里是安全的，他所有的情绪都是会被接纳的。有了充足的安全感，孩子才会对外部世界产生兴趣，才有能量去观察、探索他周围的世界。

第二章

用引导代替指责——
温柔教养让孩子更愿意合作

睡得好吗？亲爱的宝贝

"哭什么哭！这么晚了还不起床，你还有脸哭?！"

"真是够了，天天早上起床都要闹一场，要不你别上学了，就一直在家睡吧！"

"你的同学刚刚从楼下路过，人家都去上学了，你还在这磨蹭！"

每天早上，嘉宝的妈妈都要因为家里有个"起床困难户"而不得不大吼大叫。大人吼、孩子哭，是他们家每天早上的标配"晨曲"。

　　孩子起床困难，是困扰父母的难题之一。身为父母，我们都希望孩子每天能早早起床，轻松开启新的一天，高高兴兴地去上学。但实际情况可能会像嘉宝家一样，孩子被父母一通"夺命连环催"强制起床后，身心十分不爽，发脾气，刷牙、洗脸、吃早饭一直拖拖拉拉，到最后手忙脚乱赶去上学。长此以往，很多父母耐心消磨殆尽，可能会原地"爆炸"。

　　孩子早上赖床可能与睡眠不足有关。为此，家长要注意引导孩子进行时间管理，做到早点入睡，保障睡眠充足。

　　排除睡眠不足，孩子起床困难还有一个很重要的原因，就是家长的叫醒方式有待改善。比如，有的家长时间一到就立马大呼小叫地强迫孩子起床，不达目的不罢休，也不管孩子当时的身体状态、情绪状态如何。

⊗ "到点了，该起床了。"

⊗ "闹钟响过 800 遍了，快点儿起来！"

⊗ "起床！起床！！再不起就迟到了！"

⊗ "快点儿！快点儿！起来洗脸刷牙！"

　　小孩子正处于贪睡的年龄，如果在睡得正香的时候被人大呼小叫逼着起床，这实在不是一个愉快的体验，也就容易出现赖床的情况；即便是勉强起床，也会情绪糟糕、发脾气。所以，父母早上叫孩子起床时，要尽量避免突击式的叫醒，可以提前5～10分钟，先温柔地提醒一下孩子：

◎ "宝贝，醒醒了，该起床了。"

◎ "嘿！小可爱，睡醒了没有？"

◎ "早上好呀，小宝贝。"

轻柔地唤醒孩子的同时，最好轻声地播放孩子喜欢的音乐，并且把窗帘拉开一道缝，让光透进卧室，这就是所谓的声音唤醒法和光线唤醒法。感受到美妙的音乐和美好的晨光，脑细胞慢慢活跃起来，孩子自然会醒过来。

5分钟后，父母可以再来唤醒一次。这次先把窗帘完全打开，让阳光洒满房间，把音乐的声音再稍微调大一点儿，同时揉一揉孩子的后背。中医认为，早起轻揉后背可以提振阳气，让人的身体和情绪振奋起来。一边揉一边轻声提醒：

◎ "早饭做好了，有你爱吃的……"

◎ "伸个懒腰吧，会很舒服的！"

当孩子在满室阳光和轻柔的音乐声中彻底醒来时，心情肯定要比被吼叫声惊醒好得多。如果孩子再伴着音乐穿衣服、刷牙、洗脸，可能效率会更高，动力会更足。

也有一些家长认为，到点起床，到点吃饭、上学，这是孩子都应该做的最基本的小事，所以一旦孩子赖床，家长就会很生气地指责孩子：

⊗ "都四年级了，起床还这么费劲！赶紧起来！"

⊗ "按时起床都做不到，你还能干啥?！"

⊗ "能不能自己起床，让我省点儿心?！别让我一遍又一遍地叫你！"

一大早就被劈头盖脸地呵斥，无论是谁都会觉得很难过、很生气吧。所以，家长最好不要因为赖床的问题指责孩子，要多体谅孩子，多在心理和情绪上给予他们支持。比如可以这样说：

◎ "被窝太舒服了！起床太难了！要不咱们先伸个懒腰？"

◎ "一下子醒过来有点儿难，咱们先转转眼睛，再动动脖子和肩膀……"

另外，给孩子一些鼓励，和孩子分享几个起床小妙招，把起床变成一种游戏，或许也是一个不错的选择。

下面分享一些育儿技能满点的父母的叫醒妙招。

❤1 用出人意料的问话诱导孩子清醒过来

  ◇ "宝贝，今天是不是星期六啊？"

  ◇ "你们今天放假吗？"

半梦半醒的孩子听到家长这样问，感到意外的同时可能还会有点惊喜，他就会认真想一想，爸妈说的这个到底是不是事实。有的孩子甚至会立马坐起来看看日历。

然后，家长可以接着诱导孩子："我搞错了，看你睡到这个时候还不起床，我还以为是周末（放假）呢！"

此时，估计孩子已经彻底清醒了。

❤2 设置起床场景，引发孩子的起床动力

  ◇ "楼下有不少学生路过。他们都在上学路上了。"

孩子听到这个，脑子里可能会出现很多同学一起进校园的场景，就会下意识地产生自我暗示——应该起床了。同样的话术还有：

> ◎ "妈妈给你换了水果味的牙膏，你试试，刷完牙是不是有芒果味？"

> ◎ "你同桌这个时候可能都吃完早饭了……"

❤ 3 用两难选择题敦促孩子起床

> ◎ "再不起床，爸爸就来不及开车送你上学了。你是赶紧起床，还是想坐公交车上学？"

> ◎ "你是想接着睡，还是想让老师批评你迟到？"

让孩子明确不起床的后果和自己所要承担的责任，这种紧迫感会唤醒孩子的大脑，让孩子主动起床。

家有"起床困难户"的确很让人头大，但是如果家长肯花心思，多一些耐心，改善自己的叫醒话术，就会发现，叫醒"困难户"其实没有那么"难"。

别气馁，先找找问题出在哪里

"我和他爸每天辛辛苦苦，起早贪黑地照顾他、督促他，就是希望他能好好学习，能有出息，但你看看他每次的考试成绩！唉……"彬彬妈在电话里和朋友诉苦。

孩子上学之后，学习就成了家长绕不开的话题，特别是孩子考试成绩不理想的时候，很多家长会灰心、生气、着急，免不了要批评、指责孩子：

⊗ "这么简单的考题，你居然也不会！"

⊗"你一天到晚只做学习这一件事，结果还做成这样！"

有的家长一时气急，还会讽刺、恐吓孩子：

⊗"再考这样，你就别进家门了！"

⊗"就这样的考题，有个脑袋都能拿满分，你肯定是没有啊！"

还有的家长会拿"别人家的孩子"来说事：

⊗"你就不能像图图那样，考个好成绩，让我省点儿心?！"

⊗"你竟然不及格?！人家小慧可是满分啊，人家是怎么学习的？你也多少向她学学啊！"

这些家长可能认为，这样打击式的教育可以让孩子深刻地进行自我反省，知耻而后勇。但是，我们也应该注意到，过分的打击、打压，可能会扼杀孩子的自信心，同时会激发孩子的逆反心理——和家长对着干，就是不好好学习。还有一种更为严重的后果是，家长的指责、恐吓、讽刺、攀比会让孩子产生屈辱感，从而把学习和痛苦联系在一起。一旦孩子感觉到学习是一件痛苦的事情，他就会想尽一切办法摆脱学习。所以，很多孩子厌学，讨厌的不是学习本身，而是父母的做法。

想想看，一个把大部分时间都用在学习上的孩子，如果把学习看成是一件痛苦的事情，那就意味着他每天都活在痛苦之中。

所以，作为家长，正确看待孩子的学习成绩，耐心地引导孩子走出学习的误区非常重要。

❤ 1 安抚孩子的情绪

当孩子因为学习成绩下降而备受打击时，家长要尽量安抚孩子，鼓励他们重拾信心。家长要相信，多数孩子在面对自己的低分成绩时都会感到很难过。如果父母此时还责备他，孩子将会承受更大的压力。所以，父母此时要克制自己的失望和痛心。有些家长虽然在言语上没有批评孩子，但是整天愁眉苦脸、唉声叹气的，也可能会让孩子压力更大、更内疚。家长此时最好淡然处之，可以试着这样鼓励孩子：

> ⊘ "你之前的成绩一直都很好，基础也不错，这两次没考好，你觉得是哪里出了问题？"
>
> ⊘ "王姨家的学霸哥哥也有拿低分的时候，别气馁，先找找问题出在哪里，想想该怎么改进。"

家长这样说，可以引导孩子看到自己的长处，不把一时的得失看得太重，这样，孩子就能重拾信心，不再自我否定，不会觉得"考不好是我脑子笨，是我这个人差劲"。

❤ 2 帮孩子分析原因

孩子的情绪平复以后，可以试着和孩子分析一下成绩下降的原因。比如：

> ◎ "考试不过是检查一下对知识的掌握情况，你觉得最近的学习中，哪里需要加强？"
>
> ◎ "这次考试查出了不少漏洞，咱们一起逐个把这些漏洞修复一下。"

此时，家长最好不要说"你太马虎、太粗心"或是"这次没考好，下次多努力"之类比较空泛而没有任何实际指导意义的话，因为这些话只会让孩子更找不到方向而灰心。

此时，家长可以和孩子一起列个清单，先让孩子自己列，把考试中提到的以及最近在课堂上学过的知识点一一列举出来，然后家长再根据自己的了解进行补充。最好列两个清单：一个是没有掌握好的知识点清单，并提出具体的改善方案；一个是拿高分的知识点清单，让孩子进一步巩固，以提振信心。

筛查完漏洞之后，再引导孩子思考：在之前的学习中没有掌握好这些知识点，是因为什么？是学习方法不当，还是学习动力不足，抑或是有外界因素干扰？针对不同的原因，怎样针对性地改善？

❸ 制订计划，加强自我管理

学习终究是孩子自己的事情，家长充其量起到督促和辅助的作用，所以引导孩子自己制订学习计划，进行自我管理是很重要的。这样做，不但可以增强孩子的学习自主性，还可以锻炼孩子的独立能力。家长可以试着引导孩子自己先制订计划，然后再帮忙改善、补充。比如：

> ◎ "你觉得每天晚上学习3个小时，中间没有休息，这个计划合理吗？"
>
> ◎ "周日的时间不用安排得这么紧凑，可以大致分割成学习、休息、运动、娱乐，丰富、灵活一点儿更好。"

辅助孩子把学习和生活规划得更合理、更科学，也就更有利于孩子管理自己的时间和精力，让孩子变得更加独立和自信。

孩子的成长过程不是百米冲刺，而是一场持久的马拉松，一时成绩下降不要气馁，家长要注意引导、激发孩子对学习的兴趣，充分挖掘孩子的潜能，要让学习成为孩子提升自我、提高人生维度的桥梁，不要让一时一刻的成绩禁锢孩子一生。

和妈妈说实话，我才好帮你

"喂，是睿博爸爸吗？睿博又说他肚子疼，想回家。您要不要过来一下？"自从睿博上幼儿园以来，这已经是睿博爸爸第3次接到老师的电话了。睿博爸爸知道睿博是在撒谎，他根本不是肚子疼，而是不想去幼儿园。

其实，真正让睿博爸爸头疼的不是孩子不想上幼儿园，而是小小年纪就学会了撒谎。虽然已经教育了好几次，但都无济于事，爸爸担心这样下去，睿博长大以后会谎话连篇，变成人人讨厌的"骗子"。

　　估计和睿博爸爸有着同样担心的家长不在少数。做人诚实是很多家长教育孩子的第一要则。所以，当家长发现自家孩子有撒谎行为时，就会备感焦虑，他们认为这是孩子品行不端、人品有问题的表现，必欲除之而后快。有的家长因为孩子屡次撒谎并不知悔改而大为恼火，甚至把批评教育升级为辱骂、恐吓。

⊗"小小年纪就学会骗人！我怎么会生出你这样的孩子?!"

⊗"卷子写成这样还不够丢人?! 还敢偷改成绩骗人?! 我的脸都让你丢尽了！"

⊗"你要是把撒谎骗人的劲头用在学习上，早就遥遥领先了吧？"

⊗"你如果再撒谎骗人，我就叫警察叔叔来管你。"

⊗"又不说实话?! 去！自己反思去，晚饭也别吃了！"

　　孩子撒谎骗人，真的是品行问题吗？其实，从心理学的角度来说，在儿童的成长过程中，说谎是一种正常现象。加拿大多伦多大学儿童研究所曾对不同年龄段的几千名儿童做过一项调查，他们发现：在3岁的儿童当中，说谎的比例会占到50%；到4岁时，说谎的比例会达到80%；4岁以上的孩子，大部分会说谎。

他们还发现：智商越高、独立性越强的孩子，他们撒谎的时间就会越早。从这个角度讲，儿童说谎不但不是品行问题，反而是想象力发展良好的重要标志。因为只有那些有着较高认知能力和想象力的孩子，才能让自己的谎言听起来更加真实可信。

儿童心理专家们呼吁：孩子撒谎时，家长不要急于纠正，更不能责骂、羞辱、惩罚孩子，而是要先弄清孩子撒谎的原因，再进行针对性的引导。

一般来说，孩子说谎有以下几种原因。

1 逃避惩罚

一些父母平时对孩子要求很严苛，不允许孩子出错。所以，这些孩子犯错时，为了避免被父母批评、惩罚，就会用说谎、欺骗来掩盖问题。说到底，这类说谎行为是弱小的孩子为了保护自己，不得已而为之的。对于这类说谎，父母一方面要反思自己是否给了孩子太多压力，另一方面要恰当地纠正孩子的行为。比如：

> ⊘ "和妈妈说实话，我才好帮你。"
> ⊘ "爸爸知道你涂改分数是怕爸爸妈妈难过，但是爸爸妈妈更看重的是做人要诚实，这次没考好下次努力就好了。涂改分数提高不了真实的成绩啊！"

> ⊘ "做错了不要紧，爸爸妈妈也会犯错，知错能改就好了。"

❤2 变相反抗家长

我们在前面提到过，孩子在 5~12 岁时，说谎的比例非常高，之所以会这样，是因为这个时期的孩子的独立意识会更强，说谎往往是为了对抗家长和避免被惩罚。比如，开头的例子中的睿博就是如此。他不想去幼儿园，但迫于家长的压制，他又不得不去，为了反抗家长，他便不断撒谎说肚子疼。对于这类撒谎行为，家长要找到孩子真正的说谎动机，试着和孩子一起克服困难。比如：

> ⊘ "你一到幼儿园就肚子疼，是不喜欢那里的老师吗？还是有小伙伴欺负你？"
>
> ⊘ "你是不是不想去幼儿园？是那里的饭菜不好吃吗？"
>
> ⊘ "你不想去幼儿园，是不是不愿意和爸爸妈妈分开？"

❤3 讨好他人

有些孩子对他人的感受比较敏感，他们说谎往往是为了避免伤害他人或是讨好对方。从这个角度来说，这类谎言是一种善意行为，也是孩子高情商、有处事能力的体现。但如果孩子表现得过于讨好、照顾他人，家长也要反思自己，是否对孩子要求过多，以至于孩子过度敏感，要通过讨好他人来让自己觉得安全。

❤4 想象式说谎

对于 3~5 岁的孩子来说，现实和想象往往是模糊的，他们常常会把想象中的事情当作现实中真实发生的事情。

小新是一个有着很强胜负欲的孩子。有一天，他在和小亮玩游戏时，一口咬定说自己得了最高分，赢得了比赛。小亮不服气，两个人为此打了起来。幸亏小新的爸爸及时赶到，把两个人拉开了。

爸爸知道小新又犯"迷糊"了，就没有说什么，而是先把小亮送回家。返回家后，小新还气鼓鼓地对爸爸说："我从来比赛都比他得分高，他就是不服气、嫉妒。"

爸爸："恩，爸爸知道你很想赢他。刚才的游戏中，你什么时候玩得最开心呀？"

听了爸爸的话，小新马上眉飞色舞地和爸爸聊起了游戏。

上述例子中，小新爸爸的态度是值得我们学习的。他没有对小新的说谎过度反应，因为他知道，这只是暂时性的，一旦孩子过了这个年龄段，自然就能分清想象和现实。另外，他通过引导小新讲述开心的游戏过程，转移了孩子的负面情绪，同时又让小新在讲述的过程中进一步发挥了想象力。

小孩子说谎虽然很普遍，也是正常现象，但家长也要清楚，谎言的背后往往隐藏着孩子无法表达、不敢言说的情绪和需求。父母不要把孩子的谎言看作是洪水猛兽，而是要静下心来仔细倾听，了解孩子内心深处真正的需求，理解、支持孩子。而孩子有诚实的表现时，父母也要及时给予表扬，强化他们的这种正向行为。

另外，父母也要从自身做起，言出必行，给孩子一个好的示范。对分辨能力还很弱的孩子来说，如果父母言行不一，哪怕是在说一些善意的谎言，也会让孩子以为大人可以撒谎，那自己也可以撒谎。所以，即便是一些善意的谎言，家长也尽量不要说，或是避开孩子说。

不爱吃没关系，可以先尝尝

　　轩轩是个讨人喜欢的小男孩，一双大眼睛忽闪忽闪地透着机灵劲儿，就是小身板看着有点儿瘦。这也是轩妈最头疼的事情，因为轩轩特别挑食、偏食。一家人几乎每天都会为轩轩的吃饭问题而发愁。

　　轩轩上小学前一直由爷爷奶奶带。老人宠孩子，轩轩平时各种零食不断，等到吃正餐时就没什么胃口了。回到爸爸妈妈身边后，爸爸妈妈想纠正轩轩的坏习惯，但是坏习惯已然养成，轩轩每次一上饭桌就开始闹情绪。即使偶尔有他爱吃的东西，也是吃几口就下桌了，然后就开始找各种机会偷偷吃零食。又气又急的轩爸轩妈好几次忍不住教训了他：

"正餐不好好吃，有本事你就饿着，也不要吃零食！再看到吃零食就揍你了！"

"爱吃就吃，不吃就饿着！"

"零食都是垃圾食品，再吃垃圾你就完蛋了！"

"我们辛辛苦苦给你做饭，你说不吃就不吃?!"

"赶紧给我好好吃饭，别找事儿！"

时间一长，轩轩好像对吃饭有了心理阴影，每到饭点就开始闹情绪，家里经常因为吃饭问题而搞得鸡飞狗跳。

估计像轩爸轩妈这样，每天都在为孩子的吃饭问题大伤脑筋的家长不在少数。孩子挑食、偏食，不爱吃饭，的确令人抓狂。这种坏习惯不仅会让孩子营养失衡，留下健康隐患，还会影响孩子的智力发育，也就难怪很多家长对此如临大敌。

但是，像轩爸轩妈这样强迫孩子好好吃饭显然收效甚微，反而激起了孩子的不良情绪，造成了孩子的心理阴影。所以，建议家长在慌张之余，最好分析一下孩子挑食、偏食的原因，找到真正的原因，才能有效地解决孩子挑食、偏食的问题。

通常情况下，孩子挑食、偏食的原因不外乎以下几点。

❶ 家长本身就有挑食、偏食的问题

对此，家长要以身作则，好好吃饭。看着爸爸妈妈吃得津津有味，孩子自然也就更容易沉浸其中。家长要注意丰富饮食结构；即便自己有不爱吃的食物，也最好不要在孩子面前提及；为了孩子的健康，要尽量多地尝试新的食材、新的烹饪方式；多在孩子面前聊聊各种食物，让孩子在潜移默化中减少挑食、偏食的问题。比如：

> ◎ "咱们今天在超市买了这么多好吃的：豆角、西红柿、土豆，还有排骨。你想吃什么？是西红柿炒鸡蛋，还是豆角炖排骨？"
>
> ◎ "夏天吃凉拌苦瓜最好了，不但可以清热消暑，还可以祛火养心，咱们都多吃点儿。"

❷ 孩子总吃零食，对吃饭兴趣不大

家长可以借助网上的视频、漫画让孩子多了解一些关于零食与健康的常识，并和孩子协商好吃零食的时间和量，可以通过减少零食的供应来引导孩子好好吃正餐。比如：

> ⊘ "最近吃了太多零食，妈妈精心准备的饭菜你都吃不下了，所以，明天不能吃零食了。以后，只有好好吃正餐，才有小零食吃！"

❸ 食物不合胃口，孩子没食欲

做饭前最好征询一下孩子的想法，比如：

> ⊘ "宝贝，马上要做饭了，你有没有特别想吃的？爸爸给你做。"
>
> ⊘ "点菜时间到了，宝贝可以点菜了！"

如果条件允许，家长可以让孩子参与一下做饭的过程。比如，在做饭的时候，让孩子旁观，或者让孩子帮忙放调料、摆桌子，这样，孩子吃饭的时候会觉得是在品尝自己的劳动成果，就会吃得格外香。

❹ 时间紧张，害怕耽误上学

家长尽量做好统筹安排，给孩子留出充裕的吃饭时间。比如：

⊘ "不用担心迟到。还有半小时呢，很充裕，只管安心吃！"

⊘ "时间还早，一定要好好吃完早饭，这样才有精力好好上课！"

💗 5 家长总在吃饭时说教，导致孩子厌食

一家人聚在一起享用美食本来应该是愉快的亲子时光，但是，有一些家长却喜欢利用吃饭时间教育孩子。比如：

⊗ "你最近的数学成绩怎么下降得这么厉害？"

⊗ "老师说你今天欺负同桌了。"

⊗ "吃完饭赶紧写作业，我今天要检查！"

家长的这些话很多时候会让孩子紧张、焦虑，根本没有胃口。在此提醒家长，一定不要在吃饭的时候提及和学习有关的话题，除非孩子愿意与你讨论并且这个话题会让他感到愉快。家长要尽量为孩子营造舒心的就餐氛围，多和孩子谈论愉快的话题，赞美食物，这些会形成积极的心理暗示，在无形之中让孩子感到吃饭是一件令人开心的事。比如：

⊘ "今天这个菜，咱们一人一半，看谁吃得最干净，怎么样？"

⊘ "儿子，你不是想长到一米八五吗？那你要多吃这个。"

总之，家长不吼不叫就能让孩子爱上吃饭的方式有很多，最重要的前提就是，尊重孩子的需求，不要过于强求孩子吃还是不吃、吃多还是吃少。家长把自己应该做的做到位，应该说的说到位，其他的就由孩子自己来决定，孩子实在不吃也不要强求。家长要把目光放长远，不要指望用一两天的时间就让孩子发生改变，要允许孩子按自己的节奏慢慢来。也许，当家长真正放下焦虑、担忧时，孩子的吃饭问题就迎刃而解了。

别慌，先说说是怎么回事

　　吃晚饭的时候，8岁的明明自告奋勇到厨房给奶奶盛汤。然而，当他端着满满一碗汤小心翼翼地走向饭厅时，却踩到地板上的水渍滑倒了，汤洒了，碗也碎了。明明被这瞬间的变化搞得发蒙，不知所措地哭了起来。爸爸听到声音赶紧跑过来抱起明明，一边检查他是否受伤，一边说："没事，没事，宝贝不怕。"

　　见爸爸没有责怪自己，明明感觉好多了，止住了哭泣，说："我刚刚不是故意的，滑了一下，我就摔倒了。"

　　爸爸："哦，怎么就滑了一下呢？"

> 明明："因为地板上有水，我没看到。"
>
> 爸爸："哦？"
>
> 明明："嗯，我只盯着汤碗，怕它洒出来。"
>
> 爸爸："哦，是汤盛得太满了吗？"
>
> 明明："嗯。"
>
> 爸爸："宝贝是想让奶奶多喝一点儿汤，是吧？但是汤太满就会洒，还会烫手，下次少盛一点儿，好不好？"
>
> 明明："嗯。"

孩子因为年纪小，认知和能力有限，做错事几乎是家常便饭。不同的家长对此有着不同的反应，甚至是大相径庭。有的家长看到孩子犯错误所造成的严重后果，就怒火中烧，责骂的话脱口而出：

⊗ "笨手笨脚的！这点事儿都做不好！"

⊗ "我就知道你要惹祸……"

⊗ "笨死得了，你能不能让我省点儿心？"

这样说的家长可能觉得孩子还小，骂两句没什么大不了的，孩子转眼就会忘记，不会放在心上。也有的家长以为，小孩子犯错误就要狠狠教训一顿，只有这样才能让孩子长记性、吸取教训。

事实上，很多孩子都会被家长这样的责骂"封印"：他们在家长的斥骂声中失去了信心，破罐子破摔，真的变得"很笨、很没用、什么也做不了"。特别是一些年纪比较小的孩子，被父母责骂、批评后，可能会认为是自己不好才惹父母生气的，从而产生深深的自责，认为自己一无是处，进而变得非常自卑。

也有的孩子会因为责骂和训斥产生抗拒心理——"我就是要犯错"。所以，有些常常责骂孩子的家长会发现：一开始责骂还比较管用，到后来不管怎么教训也不奏效了。到最后，孩子在家长眼中会变得"不可救药""翅膀硬了，管不了了"。

孩子一犯错，家长就各种指责、批评，甚至是谩骂，还有一个严重的后果，就是会使孩子为了逃避被责骂和惩罚，而为自己的行为找各种借口，甚至可能会"嫁祸他人"。这样的孩子很难有担当、有责任感。

一般来说，孩子做了错事，往往会产生很多情绪，比如恐惧、愧疚、自责、担心等。家长应该先安抚孩子的情绪，并帮助孩子管理情绪，引导孩子换个角度看问题，或是通过积极的方式来应对，等等。比如：

> ⊘ "没关系，谁都会犯错，妈妈小时候也会犯很多错误。"
>
> ⊘ "爸爸不怪你，咱们一起想办法来补救一下。"
>
> ⊘ "我知道你不是故意的。不要紧。"

待孩子情绪平复之后，家长可以再进一步问问：

> ⊘ "刚才是怎么回事？"
>
> ⊘ "这事是怎么发生的？"

问这话的时候，家长要引导孩子客观地描述"事情是怎么发生的"。孩子还原事件的过程也是梳理、检查自己行为的过程。父母了解了整个事情的来龙去脉后，可以引导、鼓励孩子去发现、分析犯错的原因，进而找到更好的解决办法和做事的方式。

采用"刚才是怎么回事？""这事是怎么发生的？"这样的问话还有一个好处，就是引导孩子把问题的重点放在事件上而不是放在他自己身上，这就可以避免引发孩子的自卑感和挫败感。责骂、批评孩子只会让孩子认为自己是个无能、笨拙的人，只会降低孩子的自我价值感；而引导孩子思考"事情是怎么发生的"则可能会使孩子因为犯错的后果感到难过，而不是为自己感到难过。

　　同时，家长还要引导孩子为自己的行为后果负责。一旦孩子有了对错误进行反思、对后果敢于承担的思维和品质，日后再遇到问题时，就会自然而然地选择更好的处理办法，也更容易把问题当作成长的机会，增强面对困境的心理韧性。

第三章

用赞许代替批评——
温柔教养让孩子更有活力

真棒！今天自己整理床铺了

　　美国著名作家、幽默大师马克·吐温曾说过："我能靠一句赞美的话多生活两个月。"虽然他说得有点儿夸张，但却说明了人们对赞美的渴望。赞美是一种认可和赏识，是家庭教育中不可缺少的重要因素。有人曾提出，生命教育有三大法宝：相信、尊重和赞美。这就提醒家长朋友们，在孩子的养成教育中，赞美比批评更有效果。

　　对此，有的家长可能会感到疑惑："我倒是想天天夸奖我的孩子，但是他一天到晚惹是生非，你让我怎么赞美？"比如，当孩子把作业写得十分潦草时，很多家长很自然地就会指责孩子：

⊗ "你这是在写作业吗？你觉得老师能看清你写的是什么吗？"

⊗ "作业写成这个熊样，你还好意思看电视！"

⊗ "写得这么潦草，你不觉得丢人吗？"

⊗ "平时作业就这么敷衍，难怪你考不出好成绩！"

仔细品味上面的每一句话，我们不难看出，这些话里满含家长的愤怒和恨铁不成钢，这会让孩子感受到被贬低和羞辱。接下来他们会怎么样呢？有的孩子可能会怀着愧疚之心重新写一遍；有的孩子也许会心生叛逆，下次干脆写得更加潦草，甚至根本不写作业了。

其实，我们要想纠正孩子的错误行为，不一定非要用指责性的负面语言，也可以用肯定、赞许来提醒孩子改进问题。比如：

◇ "虽然字迹有点儿潦草，但答案都对了，要是字迹也能像答案这样完美就好了。"

◇ "你最近的语文成绩都不错啊，但今天的作业好像配不上你的成绩哟！"

> ☑ "这几行作业写得很好，其他的作业能不能都像它们
>
> 一样工整呢？"

之所以鼓励家长这样说，主要是因为，孩子没有把事情做好，其实他们心里也多半很清楚，可能还会胆战心惊。此时，如果爸爸妈妈并不盯着孩子的错误和缺点不放，而是发掘他们的优点和做得好的地方，维护他们的自尊，孩子是会对父母充满感激的，有的还可能会因此而心生愧疚，并反思自己，更主动地改善问题。

而且，家长用孩子的优点和做得好的地方来正面鼓励他，就如同给了孩子一枚指南针，为孩子指引方向，让孩子更加明确哪些行为是对的、哪些行为是错的，从而朝着正确的目标前进，不会迷失自己。从心理学的角度来说，赞美和鼓励是正向强化孩子好的行为，慢慢地，孩子的好行为就会变成好习惯，从而为培养孩子的好品格打下基础。

相反，如果家长用过多的标签限定孩子，比如"你可真粗心""你可真是个小马虎"，这类话说多了，孩子就有可能真的粗心、马虎了。

另外，批评和指责孩子的时候，家长多半是带着负面情绪

的。一旦父母带着宣泄情绪的目的批评孩子，那话语中就会不自觉地带着讽刺和打击。有的家长甚至认为，只有骂得越狠，声音越大，孩子的印象才会越深，批评才会越有效。

实际上，心理学上把这种教育称为破坏性批评，它最直接的后果是伤害孩子的自尊，且很难使孩子真正意识到自己的问题，找到改正错误的方向，对他们的行为矫正没有任何作用。而且，还会成为破坏亲子关系的导火索。

而父母用心地赞美可能会改变孩子的一生。网上流传着一个非常打动人心的故事。这个故事正好说明了赞美和赏识对一个孩子的一生的重要意义。

有一个小男孩刚刚上幼儿园没多久，他的妈妈就被老师叫到办公室。老师说："您最好带孩子去看看医生，他在学校连3分钟都坐不住，他会不会有多动症？"这位妈妈听了之后，流下了眼泪，因为她的孩子的确曾被医生诊断为有轻度智力缺陷。

但是，在拉着儿子回家的路上，这位妈妈却笑着对儿子说："老师表扬你了，说你刚来的时候安坐不了1分钟，现在能安坐3分钟了，进步很大。"

之后，小男孩真的可以安静地坐上更长时间了。

上小学时，小男孩的成绩一直全班倒数。班主任老师对小男孩的妈妈说："这孩子是不是有智力问题？"妈妈强忍着难过和老师告别。回到家里，她微笑着对孩子说："老师夸你比之前更努力了，只要上课再认真听讲，就能超过上学期的成绩。"

小男孩听了，眼睛亮了起来。此后，他上课越来越专注，写作业也越来越认真。

就这样，在妈妈的鼓励下，这个被医生诊断为有智力缺陷的男孩最后考取了国内一所非常有名的大学……

收到儿子录取通知书的那一刻，这位妈妈再也抑制不住压抑了十几年的泪水，放声大哭。

赞美孩子，无需太多的语言，每天一句就已足够。如果你今天夸奖孩子："好孩子，今天的作业写得很工整！"明天，孩子可能会把作业写得更认真。如果你今天赞许孩子："真棒，今天自己整理床铺了！"从此以后，他可能就会把这个好习惯一直坚持下去。

赞美和鼓励，对成长中的孩子来说真的太重要了。得到父母的夸赞，孩子会感受到父母的关注和认可。父母的赞美是对孩子的最大鼓励，会让孩子充满信心和力量，让他们更乐于接受更大的挑战。请家长们记住这句话：父母的一句赞美，可能会改变孩子的一生。

数学老师说，你最近听课很认真

　　霖霖在上小学四年级以前一直都很偏科，数学成绩始终在拖后腿，导致他很抵触这门课，上数学课不注意听讲，写数学作业也十分敷衍、潦草。数学老师也拿他没办法，爸爸妈妈每次辅导数学作业时都要爆发一场"亲子大战"。

　　霖霖上了四年级之后，班上换了数学老师，同时兼任班主任。霖霖爸爸担心霖霖的数学成绩会让班主任老师对他有成见，就主动找到老师，聊起了霖霖的情况，希望班主任老师能想办法帮忙改善一下霖霖的偏科问题。班主任老师了解到一些细节之后，便和霖霖爸爸商量出了一个办法。

此后，在数学课堂上，班主任老师格外关注霖霖，只要霖霖表现好一点儿，她便通过微信反映给霖霖的爸爸妈妈。

霖霖的爸爸妈妈在辅导霖霖作业时常和他说：

"你们新来的班主任老师说，你今天上数学课时听得特别认真。"

"班主任老师说，你今天上数学课时积极举手答题了。"

而在班主任老师这里，霖霖也多次听到：

"你妈妈说，你昨天为了弄明白一道作业题，还特意复习了以前的知识，真棒！"

"你爸爸说昨晚的作业，你第一遍就全做对了，都没有订正。真棒！"

一开始，霖霖听到这些表扬觉得很意外，但越听心里越高兴。此后，无论是数学课堂还是数学作业，霖霖都更加认真对待。一个学期之后，他的数学成绩有了惊人的提高。

从霖霖的例子中，我们可以看出鼓励和赞许的力量之强大，还能发现老师和家长使用了一个更为有效的赞美方式——转述赞美。这是一种更有说服力和影响力的赞美方式。

赞美，是一种能量，是一种积极的反馈和暗示，它会让被赞美的人更愿意积极主动地向着发出赞美的人所期望的方向发展，去拓展自己的人生，成就更好的自己。而父母如果借助第三方的话来赞美孩子，要比自己直接赞美更容易让孩子感受到正能量和认同感。

转述别人的赞美，会让孩子觉得自己不但倍受关注，而且双方都对自己有很正向的评价，这种赞美可以对孩子产生双倍的促动力量。而且，家长转述老师对孩子的赞美，更加客观，更能让孩子相信，孩子也会更加上心。

所以，家长要想让孩子更努力学习，或是更懂礼貌，不妨试试这个办法，也许可以让你事半功倍。

小慧是个腼腆的小姑娘，每次家里来客人，她都躲到房间里不出来，更不要说和客人打招呼了。而小慧的妈妈则特别希望女儿能够成为一个热情大方、待人接物十分得体的人，便有意找机会培养女儿。

每次有客人来家里，她便强行把女儿从房间里拽出来，逼着小慧问候客人、给客人倒茶水，但是小慧每次都很抵触，弄得场面十分尴尬。小慧妈妈特别恼火，多次在客人走后狠狠地批评小慧："怎么这么小家子气！一点儿也不大方！""你就不能学学你表姐，像她那样落落大方地问候一下客人？""都十几岁了，还像个小耗子一样，上不了台面，你可真是……"

妈妈的指责让小慧更加抵触和陌生人见面了。

直到有一次，小慧的小姨带朋友来家里玩，事情发生了180度的大转变。

小慧和小姨比较亲近，有小姨陪着她面对陌生人就没有那么紧张无助了。于是，小慧就很放松地在客厅里和小姨一起招待客人吃东西、做游戏，大家开心地玩了整个下午。

晚上小姨送走朋友之后，对小慧的妈妈说："你怎么总批评孩子胆小、上不了台面啊？今天她不是挺好的吗？我的朋友刚刚还和我夸奖咱们小慧乖巧懂事、大方得体呢！"

小慧在一旁听了很受触动。客人的赞美让小慧重新认识了自己：原来，妈妈眼中那个"小家子气""上不了台面"的自己也可以很大方、很得体啊！而且，要做到这样并不是特别难，只要放松、真诚地和陌生人互动就行了。

从这以后，小慧便不再惧怕和陌生人打招呼了，性格也变得越来越开朗了。有好几次，家里来了客人，而爸妈又不得不在厨房忙碌饭菜的时候，小慧甚至可以作为小主人单独在客厅招待客人呢！

你很诚实，但这么说会让他很难过

孩子的成长过程就是一个不断修正错误、在错误中不断学习的过程，但是很多家长似乎不太愿意接受这个事实。每当孩子犯了错误，或是"不听话"的时候，这些家长就会按捺不住自己的情绪，对孩子发火，做出一些过火的举动，比如以下几种。

❤1 指责、谩骂，说一些损伤孩子自尊的话

⊗"你这孩子咋这么讨厌?！总给我惹事！"

⊗"你是不是有病?！为什么无缘无故打人？"

⊗"你能不能别总让我这么操心？"

类似的指责、谩骂其实只是家长在宣泄自己的情绪，根本起不到教育孩子的作用，甚至会起反作用。

一般来说，小孩子做错了事多半只是行为问题，所以家长应该纠正的是孩子的行为，而不是以谩骂、指责来贬低孩子的人格，伤害他们的自尊。对有些孩子来说，虽然家长的谩骂、指责会让他们心生羞耻和内疚，从而"知耻而后勇"——努力改善自己的行为，但同时也会让孩子产生被否认的恐惧。而一旦被这样的负面情绪支配，孩子的人格就有可能会发生扭曲。

因此，谩骂、指责绝对是家长应该杜绝的教育行为。

如果孩子的行为不尽如人意，家长只要告诉孩子：

> ⓥ "你很努力，但如果……是不是更好？"

如果孩子情绪失控打了人，家长可以告诉孩子：

> ⓥ "你敢于维护自己的利益很棒，但你可以用语言警告，而不能打人。"

如果孩子的举动让你感到崩溃，你可以告诉孩子：

> ◎ "虽然妈妈很佩服你的勇气，但你的行为很危险，希望你马上停止。"

作为家长，我们在指出孩子行为过错的同时还要教给他们正确的解决方案，否则，再遇到相同的情况，他们还是会犯同样的错误。只有客观评价孩子的错误行为，告知孩子错误行为的后果，并示范正确的做法，孩子才会知道自己错在哪里并修正自己的行为，而辱骂、斥责只会让孩子变得自卑或暴力，却仍不知道自己错在哪里。

❷ 恐吓、威胁孩子

> ✕ "你再捣蛋，就滚出去，这个家不欢迎你！"
>
> ✕ "我没有你这么讨厌的孩子！"
>
> ✕ "不好好学习，我和你妈就不养你了！"

上述这些父母话术对年纪较小的孩子的确会起到一定的震慑作用，而且对家长来说也比较省时省力。但是，这种恐吓与威胁并不能让孩子发自内心地改正错误，而且还会让孩子失去安全感，会让孩子产生这样的想法："我是不受欢迎的""爸爸妈妈不爱我了""我就要被抛弃了"。

一旦这些想法在孩子的心里生根发芽，他就会变得自卑、胆怯。这样的孩子成年以后会为了讨好他人而处处委屈自己。所以，家长在教育犯错的孩子时，一定要先给足爱和安全感，比如：

> ◎ "爸爸妈妈很爱你，但你这样做真的让我们很生气，你应该……"
>
> ◎ "以后不能再……，这会让爸爸妈妈伤心的。"

爱是一切教育的前提。当孩子知道即便自己犯了错，即便自己惹爸爸妈妈生气、伤心，爸爸妈妈也依然爱自己时，他就会更有勇气面对错误、改正错误。

❤ ③ 对孩子大吼大叫

孩子犯了错，家长就歇斯底里地大喊大叫：

> ⊗ "你咋这么差劲?!"
>
> ⊗ "你真让我闹心!"

这除了会让孩子产生恐惧和焦虑，还会让孩子主动屏蔽父母的言行。他们为了自我保护，会自动选择无视父母的吼叫，以缓解家长的失控行为给他们带来的巨大情绪冲击和心理压力。而家长如果能够和颜悦色、语调平和地与孩子沟通问题，就能卸掉孩子的心理防御，让他们认真聆听你所说的话：

⊘ "虽然你这样做能让自己很突出，但会影响同学团结。"

⊘ "你很诚实，但这么说会让他很难过。"

❤4 打骂孩子

一些家长认为：有时候只有让孩子吃点儿苦头，他们才能记住自己所犯的错误，并尽快改正。

但是，以暴力手段教育孩子，孩子可能会因此失去变得自觉、上进的机会。孩子出于本能，在恐惧情绪的驱使下改正，而绝非教育的结果。家长打骂孩子只会让他们暂时放弃不良行为，却无法让孩子明白真正的是非曲直，他们当然也就无法真正从错误当中学习和成长。

针对上述教育误区，一些教育学家提出了这样的主张：孩子犯错，家长可以批评和教训，但前提是要给予充分的尊重和爱。因为批评和教育的实质是引导和鼓励，是给孩子传递正确的价值观，是以智慧的方式引导孩子自我反思，而绝不是父母裹挟着负面情绪对孩子进行打击和贬损。

完整的批评和教育公式就是：家长用温和、坚定的语气和态度来指正孩子的错误，给孩子提出改正建议和解决办法。最重要的是，告诉孩子："虽然你犯了错，但你依然是爸爸妈妈最爱的宝贝。"只有这样，家长的批评教育才是完整的，孩子才能够更好地成长和进步。

宝贝，你也非常棒

妈妈："欣欣，你这次考了多少分？"

欣欣："我考了98分。"

妈妈："那有没有考得更好的？"

欣欣："有的。"

妈妈："你呀，总是与别人差了那么一点！"

上述对话，可能我们都不陌生，有的家长也许还不止一次这样对自家孩子说过。在这些家长的教育观念里，多用"别人家的孩子"和自家孩子做比较，可以刺激自己的孩子不断进步。比如：

⊗ "你李叔家的小静每次考试都成绩优异，你要是有她一半好，我就放心了。"

⊗ "你看看你同桌的成绩，再看看你的，你咋就不能向他多学习学习呢？"

无数事实证明，家长通过攀比给孩子施加压力，从而让他们产生上进的动力，这可能只适用于一部分孩子。而对大多数孩子来说，家长的攀比其实就是一种否定，是一种让人更加难堪的指责和批评。它不但很难让孩子更优秀，还可能对孩子、对亲子关系造成很多伤害。

❤1 攀比导致孩子自卑

不少家长总是担心孩子不够努力，或者担心孩子取得好成绩时会骄傲，所以总是拿别人家孩子的长处来打压自家孩子，给他们泼冷水，以为这样可以让孩子不断进步。殊不知，孩子的上进心和原动力正是在家长一次又一次的攀比和打击中消磨殆尽的。

而且，这种攀比行为还会对孩子的身心健康造成伤害。每个孩子都有自己的长处和短板，习惯于攀比的父母往往会忽略自家孩子的长处，而用别人家孩子的长处比自家孩子的短处，这会让孩子感受到不公平、不被爱、受排挤，甚至在潜移默化中认同父母的观点：自己技不如人、一无是处、很差。慢慢地，孩子可能就会陷入自卑和压抑之中，对什么都提不起精神，也无力承受任何一点儿挫败和打击。身心健康都成了问题，就更不要说学习成绩了。从这个角度讲，父母的攀比行为对孩子来说简直就是一剂毒药！

所以，家长要避免在孩子之间进行攀比，而应多多正面鼓励孩子。比如：

◎ "不要总是紧张小佳的语文成绩比你好，你要看到你的数学学得也不错啊！"

◎ "别急，我相信你的成绩还有上升空间呢。"

◎ "你的成绩比上一学期进步很多了！加油！"

❷ 攀比会使孩子心胸狭窄、目光短浅

当家长对成绩进行攀比的时候，孩子可能会觉得是对人进行攀比，这样一来，攀比激发的往往不是上进，而是人与人之间的较劲。一旦陷入这样的误区，孩子可能就会出现偏激的想法，觉得只要打败了比自己强的人，就可以称霸称王，进而变得心胸狭隘、目光短浅，打压、攻击那些比他强的同学，导致人际关系紧

张。这样的攀比结果正应和了那句话："没有对比就没有伤害。"

对此，家长应该引导孩子看到人与人之间的差异性，告诉孩子人是各有所长、各有所短的，要互相学习，取长补短。比如：

> ⊘ "小慧的数学好，你的语文好，你们可以做学伴，互相取长补短。"
>
> ⊘ "老师表扬你给同桌补英语了，真棒！教会别人的过程也是自己加深理解的过程。"

当你不再用别人家的孩子来贬低、吓唬自家孩子，而是给他们更多的空间任其自由发展时，你会发现，原来自己的孩子也是那么的优秀！

❤ ③ 攀比损害亲子关系

家长总是称赞"别人家的孩子"，其实就是在否定、贬低自家孩子，这自然会引发自家孩子的抵触和愤怒。所以，为了避免亲子关系受损，家长也应该正确引导孩子树立良好的价值观，不和别人攀比，只要孩子有进步，就该称赞，哪怕只是点滴的进步，也应该给予肯定和赞美，这对孩子来说就是最大的动力。

比如，孩子的作业写得很好，家长可以说：

⊘ "今天的作业写得很工整，要保持下去哦！"

如果孩子练钢琴很认真，家长可以说：

⊘ "这次练习很投入，节奏把握得也不错！加油！"

如果孩子把房间整理得很干净，家长可以说：

⊘ "卧室收拾得真干净，看着很舒服！"

父母能够不以自己的标准衡量孩子的进步，不以"别人家的孩子"来贬低自家孩子，而是在生活中认真观察孩子，捕捉到孩子一点一滴的进步，并细致、得体地夸赞孩子，孩子就会能量满满，也会因此更加信任和爱戴父母。

这都是你每天坚持练习的结果啊

当孩子在某一方面表现出色时，有些家长可能会用诸如"你是个天才""你真是太聪明了""你太有才了"之类的话来表扬孩子。不难看出，这些话都是在夸赞孩子的天赋、智力和才华。对此，一些育儿专家建议，如果家长想继续提高孩子的能力，就不要只表扬他们的才华和天赋，而应该赞美、认可他们的努力，以及在努力的过程中所表现出的坚持和毅力。因为如果一味地赞美孩子的天赋和才能，可能会使孩子出现以下问题。

❤ 1 使孩子不愿面对挑战

美国名校斯坦福大学的一所心理机构在多年的研究中发现，

家长过度赞美孩子的聪明、天赋，可能会事与愿违，慢慢阻碍孩子的成长。因为这种赞美会让孩子觉得只要靠天赋就能不费吹灰之力取得成功，和个人的努力无关，他们就倾向于放弃努力，坐享其成。而且，他们也容易逃避挑战，因为一旦在挑战中遭遇失败，就意味着他们会失去聪明、有天赋、有才华的光环，这样一来，他们也就失去了更多的成长机会。

所以，当孩子完成一部充满设计感的作品时，家长与其说"你太有才了"，不如说：

◎ "你这个作品太有创意了！"

才华是天生的，而有创意的想法则不仅要有聪明才智，更要有不断的积累、思考和尝试。

当孩子经过苦思冥想、多方求证，终于破解了一个奥数难题时，家长与其说"你太聪明了"，不如说：

◎ "虽然这道题很难，但你一直没有放弃，终于破解了。"

这是在肯定孩子的耐心和坚持，借此让他明白：虽然破解难题需要相当高的智力水平，但是如果没有毅力来进行一番思考和探索，依然是找不到正确答案的。

当孩子经过不懈努力，终于完成了一个艰巨的任务时，家长与其说"你是个天才"，不如说：

> ⊘ "你敢于挑战难题，真勇敢，太难得了！"

这是在肯定孩子的勇气，可以让他信心倍增，敢于直面困难。

> ⊘ "这么难的任务都被你攻克了，这个坚持不懈的态度
>   值得给满分！"

这是在肯定孩子面对困难时的心态，让孩子明白：能力固然重要，但是面对困难时的胸襟、气魄和决策也同样缺一不可。

❤ 2 容易让孩子自我否定

曾有一家研究机构做过一项实验：在一个学校随机选取 2 个班各 50 人进行实验，一组为"才能"小组，一组为"努力"小组。在一学期的学习中，所有老师会格外夸赞"才能"小组成员们的才华、能力，而对"努力"小组的成员则强调努力、坚持的重要性。在学期末，将一项比较有难度的任务分别交给 2 个小组去完成。

最后的结果是，"才能"小组的成员面对困难时表现得很悲观、无助，不少孩子甚至开始自我怀疑；而"努力"小组的成员面对困难时，则不断调整对策，积极想办法解决问题。

实验人员通过观察和调查得出结论："才能"小组的成员因为被灌输了"所有成绩都是高智商、有才华的结果"，所以，当他们遇到困难时，想到的不是自己不够努力，而是他们的智商和才华不够用了。这就意味着他们整个人都被否定了，因此感受到了巨大的冲击，开始自我怀疑。而"努力"小组的成员面对困难时只会觉得自己不够努力、不够用心，所以会积极地想办法、找对策。

如果家长想让孩子不断成长、进步，就不要只强调天赋和才能。要想让孩子长久地获得成功，除了先天的才智，还有很多值得重视和培养的品质。比如以下几种。

（1）合作精神。

> ⊘ "你能和同伴配合得这么好，真是太棒了！"

这是在肯定孩子的合作精神。这样的肯定会让孩子懂得：一个人无论多么有才干，他能做的事情也是有限的，但如果能团结一批有各项专长的伙伴共同合作，就能做很多事。

（2）领导能力和组织能力。

 "这个活动你组织得很不错！"

这是在肯定孩子的领导能力和组织能力。这样的肯定会让孩子明白：要带领一批人开展一项活动，领导能力、统筹能力、责任心等都十分重要。

（3）人品和信誉。

 "我坚信，以你的人品，绝不会干出这样的事。"

这是在肯定孩子的人品和信誉。美好的人品和良好的信誉是一个人最值得珍视的财富，家长的肯定会让孩子更加注重培养自己的人品并建立良好的信誉。而这会让他成为更受欢迎的人，人生之路也会更顺畅。

（4）虚心、开放的态度。

 "你很尊重别人的意见，能做到这一点真好。"

这是在肯定孩子虚心、开放的态度。这样说会让孩子更能发现他人的优点，更加注重从他人那里汲取好的经验，不断提升自己。虚怀若谷的人是能够不断进步的人。

在教育孩子的过程中，如何赞美、鼓励孩子是所有家长的一门必修课。那些修习过关的家长都懂得：注重赞美孩子的努力，他会更加努力、自信；而只赞美孩子的天赋，则可能会让孩子变得骄傲、懒惰，不思进取。

第四章

用指令代替唠叨——
温柔教养让孩子更有界限感

记得做……

孩子在成长的过程中会有很多行为和习惯需要家长帮助规范和养成，这就要求家长有极大的耐心去循循善诱。而不少家长却以不断的唠叨来督促孩子"要这样……不要那样……"，最后不但没帮孩子养成好习惯，反而引发了孩子极大的反感，甚至还破坏了亲子关系。

11岁的皓然就有一个爱唠叨的妈妈，这让他苦不堪言。这不，一大早，皓然好不容易从温暖的被窝里爬起来，正坐着醒神的时候，妈妈就开始了连珠炮式的唠叨："一早起来就发呆！你倒是快刷牙、洗脸呀！"

　　本来心情还不错的皓然被妈妈一唠叨，顿时有点儿丧气。为了避免再次被催促、抱怨，皓然只好不情不愿地抓紧时间洗漱。

　　饭桌上，妈妈边吃饭边说："别忘了把这个鸡蛋吃了，还有牛肉，补充能量。""我辛辛苦苦忙了一早上，你就吃这么点儿饭?!"

　　临出门的时候，妈妈又追到门口，说："你穿秋裤了吗？不行！赶紧穿上！""过马路的时候好好看路，别和同学打闹！"

　　每天早上，皓然都是这样在妈妈的唠叨声里开启新的一天的。

　　晚上放学回到家后，再接受新一轮的轰炸："作业写完了吗，就玩手机？""早点儿睡觉！一天到晚就知道磨蹭，浪费时间！"

　　就这样，从早上起床到晚上睡觉，只要妈妈在边上，就会一直唠叨、不停地提醒。有时，一句话要说上三五遍，这对于皓然来说，简直是灾难。有时候实在忍不住，皓然也会对着妈妈嚷嚷："能不能少说两句？烦死了！本来我在手机上问同学作业题呢，您这么一唠叨，我就不想学了！"

妈妈："哎呀！你这个没良心的，我好心提醒你，你竟然和我吼！"

于是，母子间的"战争"就开始了。

从皓然的例子中，我们不难看出，虽然妈妈唠叨都是出于善意的提醒和关心，但效果适得其反。

心理学上有个"超限效应"。所谓"超限效应"，是指因为外界刺激过强、过多，作用时间过久，从而引起心理极不耐烦或逆反的心理现象。想了解唠叨有多么可怕，我们可以看看下面这个小故事。

有一次，马克·吐温在教堂里听一位牧师演讲。最开始，他被牧师声情并茂的演讲深深地打动了，决定等牧师演讲完后，要捐一些钱给教堂。

等了十几分钟，牧师的演讲还没有结束。马克·吐温觉得这个牧师有点儿啰唆，决定一会儿少捐一点儿。结果，又等了十几分钟，牧师还在演讲。马克·吐温有点儿不耐烦了，决定不捐钱了，并想赶紧逃离，但有朋友阻拦，他不得不继续待在那里。又煎熬了十几分钟，马克·吐温终于忍无可忍，在离开的时候不但没有捐钱，反而从募捐盘里拿走了2美元，以泄心头之愤。

这个小故事告诉我们：说话、做事一定要把握好尺度，再感人的话，说多了也会令别人反感。既然唠叨如此惹人反感，那么，父母为什么还会控制不住地唠叨孩子呢？这背后有很多父母意识不到的原因。

❤1 父母不愿意面对孩子长大的事实

对于7岁以上的孩子，父母还整天唠叨，催促孩子干这个、禁止孩子干那个，这其实是父母在潜意识里还不想面对孩子已经长大了的事实，他们的教育方式还停留在教育小小孩的阶段。如果这些父母们能够意识到这样的教育方式会让孩子不自信，让他们觉得自己什么事情都做不好，因而变得非常自卑，可能会深感恐惧和后悔吧！

要想让孩子健康成长，父母就要学会体面地退场，给孩子的成长授权。很多时候，父母只要抱着关爱之心，善意地提醒一下孩子就够了。比如：

> ⊘ "明天降温，棉衣帮你备好了，一定记得穿！"
>
> ⊘ "明天就考试了，备考的东西都带齐了吗？"
>
> ⊘ "校服洗完要放烘干机里，明天校庆就能穿了。"

类似这样的提醒，就不会让孩子感到过多的限制，孩子也就不会心生反感。同时，这类引导式的提醒，还会让孩子自主思考问题、解决问题，帮孩子更好地独立。

❤ 2 父母不信任孩子

所谓唠叨，就是同样的话反复说，这往往会让听的人产生这样的感受：你不相信我会做得很好，所以你要一遍一遍地提醒我。

唠叨的话语都有一个共同的特点，就是往往都带有负面的措辞，比如：

> ⊗ "别忘了……"
>
> ⊗ "你怎么又……"
>
> ⊗ "你就不能……"

　　唠叨的话语所涉及的内容往往和困难、障碍、缺点以及失望相关联，暗含了不信任和指责。长此以往，可能会让孩子在潜移默化中学会以被动、消极的方式来解决问题，一遇到麻烦就先唠叨、抱怨一通，而不是积极想办法去克服和解决。对此，父母完全可以换一种语气，以鼓励、正面的话语去提醒孩子。比如，把上面的 3 句话改成：

　　◎ "记得做……"

　　◎ "你这样会有……的后果，应该……"

　　◎ "你试试……怎么样？"

　　相比指责和抱怨，积极的引导和善意的提醒会让孩子感到被尊重、被理解、被关心和被支持。孩子就更愿意接受家长的指导和建议，从而提升他们面对挫折和困难的信心和责任心，养成尊重他人、自律的好习惯。

❸ 父母不自信

　　父母爱唠叨，其实暴露了自身的不自信。因为不自信，所以父母不相信自己的话会被孩子认真听进去并且照做，所以他们要一遍一遍地反复说，以确保孩子听到、照做。比如：

⊗ "我刚刚说……你怎么就听不进去？"

⊗ "我昨天不是提醒过你了吗？你现在又……"

⊗ "我都告诉你八百回了，可你还是忘记……"

更有些父母，自己极度自卑，就寄希望于孩子要有出息。自己都办不到的事，却强迫孩子一定要做到。无论孩子表现得如何优秀，父母总是感到不满意，不停地抱怨、挑剔孩子，反复督促孩子要努力、要进步。比如：

⊗ "你就不能像×××一样好好写作业？"

⊗ "你看人家×××，再看看你……"

这样的唠叨除了会给孩子造成很大的压力，使孩子变得敏感、焦虑之外，还会让孩子产生逆反心理，他们会在内心深处产生这样的想法：你们混成这样，凭什么要求我?!

这类家长要多反观自身的情况，孩子表现不佳时，不要翻旧账，不要乱给孩子贴标签，只要简洁明了地指出孩子错在哪里就好了，不要否定孩子本身。比如：

⊘ "我只提醒你一次，你记得……"

⊘ "你这个做法让我很生气，这事应该……"

　　"如果父母能够少说多行动，那么与孩子之间 75% 的问题都很可能会消失。"这是美国心理学家简·尼尔森给爱唠叨的父母们的一个重要提醒，值得那些真心希望孩子健康快乐成长的父母们好好深思。

不可以！

　　爸爸："赶紧把球衣找出来穿好，打电话给你的球友，别忘了带球拍。"

　　小欣：……

　　爸爸一连串爆豆似的输出后，小欣一时没反应过来爸爸都说了些什么内容，正在犹豫的时候，爸爸的急脾气就上来了，语速更快了："说你呢，小欣，赶紧行动起来啊！"

　　小欣："哦。"

　　被爸爸一催，小欣的脑子一片空白，更不知道爸爸想要他做什么了。

在现实生活中，可能有不少急性子的父母，在和孩子沟通的过程中会犯小欣爸爸同样的毛病：连珠炮似的对孩子发号施令，却不考虑孩子的接收能力。当孩子被指令轰炸得一脸蒙地思考"爸爸到底想要我干吗""我应该先干哪一件"时，可能还会被家长看成是磨蹭，于是性急的家长便开始催促、唠叨、抱怨，孩子被催得心烦，就真的慢下来，磨蹭着对抗父母，恶性循环就此开始。即便是年龄比较大的孩子，也会被这一连串的指令搞得心烦意乱。所以，父母想让孩子做某件事时，应注意以下事项。

❤ 1 简单明确的指令最有效

对于孩子来说，尤其是小于 6 岁的孩子，如果你想让他们做什么，首先要保证你说的话能让他们"听得懂"，之后才能有他们的"做得到"。

如果家长像爆豆一样对孩子进行指令轰炸，只会让孩子的大脑信息过载，一时转不过弯，无法理解你的意思，当然也就不知道怎么执行你的指令。这就要求家长在给孩子下达指令时简单、明确。

所以，上面例子中小欣的爸爸其实可以这样说：

✅ "把球衣找出来穿好。"

然后观察孩子，给他时间去完成这个行动，之后再告诉孩子：

> ◯ "打电话约你的球友吧。"

最后才是：

> ◯ "记得带上球拍。"

经过分解，这些指令变得更简短，也因此更清晰、明确，更容易被孩子听清并配合家长执行到位。所以，家长想要孩子有较高的执行力，就要让自己的指令明确化、清晰化，越具体、越简短越好，让孩子清晰地知道此时此刻你想让他做什么。

对此，有的育儿专家还发明了"十字令"的小妙招，即在关键时刻对孩子下达指令时，字数不要超过 10 个字。虽然不必非要正正好好 10 个字，但也最好控制在 10 个字左右。根据这位育儿专家的经验，运用"十字令"原则和孩子沟通的时候，孩子都比较容易听得懂，而且行动也很迅速。

❷ 不抱怨、不指责

避免成为唠叨家长的另外一个原则是，在给孩子发出指令时，措辞和语气中不要带有指责、抱怨等负面情绪。比如，孩子犯了错误时，家长不要"碎碎念"：

⊗ "你怎么搞的？不是告诉过你不能这么做吗？你怎么把我的话当耳边风啊?!"

⊗ "能不能走点儿心啊？我说了多少次了，你还犯同样的错误?!"

这样的碎碎念传到孩子的耳朵里就是指责、唠叨、抱怨，所产生的效果就是让孩子心生反感，以及抵触和排斥。所以，要让孩子停止错误行为，最好是简短、坚定地对他说：

⊘ "不可以！"

⊘ "不行！"

如果孩子对你的指令无动于衷，仍然继续自己的错误行为，家长也不要扯着喉咙对孩子大吼大叫，不然的话，你以后都要吼叫起来，孩子才会听。此时，你只要心平气和地走到孩子身边，用行动终止孩子的行为就可以了。哪怕孩子因此而哭闹，你也要确保让孩子停下行动。长此以往，孩子慢慢就会明白，当家长说"不"的时候，他是必须执行的。

3 要用陈述句，不要用疑问句

> "小彬，把电视关掉好吗？我们得睡觉了。"
>
> "不嘛！我还要看一集动画片。"
>
> "不行！到点了，该睡觉了！"
>
> "呜呜……"

不少家长都会有这样的习惯：给孩子下达指令的时候，总是要在后面加个"好吗"或者"好不好"，似乎是在征求孩子的意见。这样的指令无形当中就给了孩子一种暗示：他可以说"不好"，可以拒绝你的指令。而一旦孩子回答"不好"时，家长又会坚持自己的指令，强迫孩子必须按指令行事，给孩子造成混乱，有时还会引发孩子的负面情绪。所以，家长在给孩子下达指令时，最好多用语气坚定的陈述句，少用征询式的疑问句。比如：

- ✓ "把电视关了，我们得睡觉了。"
- ✓ "把玩具收起来！"

学会下达简单、明确而坚定的指令，让孩子听得懂，执行得快，家长就可以避免对孩子"碎碎念"。同时也要注意，如果孩子在听懂指令后却拒不执行，就要让他承担后果。一旦孩子明白了要为后果负责的时候，家长们也就不用反复和孩子唠叨规则、指令之类的事情了。当然，对那些积极主动执行指令的孩子，家长也不要忘记适时地给予赞许。懂得赏罚分明的孩子会更好地听从指令，配合家长。

要想按时到校，现在就去吃饭

"我家的崽，真是让我受够了！每天早上，单单是从床上爬起来就要半小时！"

"我家的，15分钟的上学路，他磨磨蹭蹭能走上半小时。"

"嗯，我那8岁的千金，写个数学作业，跑3趟厕所，中间还玩了10分钟手机，都这样了，她还委屈呢！"

家有"小磨蹭"，不少父母每天都要被不断地挑战耐性和底线。为了催促孩子提高行动效率，一些家长年纪轻轻就染上了唠叨的毛病。

那么，小孩子为什么会磨蹭呢？家长该怎么做呢？

1 了解磨蹭的真正原因

美国芝加哥大学心理学博士、家庭教育专家艾丽卡·雷斯切尔在研究中发现：孩子在成长的过程中，总有那么一个时期会有磨蹭、拖延的问题。这主要是因为这一时期的孩子往往会专注于眼前的事情，或是沉浸于自己感兴趣的事情中，因而对大人的要求和指令回应得比较慢或是干脆没听到大人在说什么。

育儿专家和儿科医生还指出：孩子看似磨蹭、拖延，其实是他们对时间没有概念。从儿童的成长规律来看，小孩子只有长到7岁左右才能分辨具体的时间，才能大概明白"过去""现在""以后"的概念，但他们仍然缺乏对时间的清晰认知和体验，不知道5分钟可以做些什么，也不知道1小时有多长，对"什么时间要做什么事"更是无感。7岁左右的孩子认为：喜欢的事情就去做，喜欢哪个就先做哪个，什么时间管理、什么要事第一，统统不管。就像下面这个小亿一样。

放学回家后，小亿和小伙伴们在小区里玩。晚饭时间快到了，妈妈提醒小亿"再玩10分钟就回家"，小亿点点头表示同意。

但是10分钟之后，妈妈去喊小亿，小亿正玩得兴起，不愿意回家，就哭喊着说："我还没玩够呢！10分钟不够！"虽然妈妈连哄带劝，但小亿就是不肯回家。

对于案例中的小亿来说，10分钟意味着什么，他根本毫无概念。他只知道，自己正玩得高兴的时候，10分钟突然就到了，然后突然被妈妈勒令"要遵守时间"，这让他难以接受。

对于还没有时间概念的孩子，家长教育他们要遵守时间、珍惜时间，就是一纸空谈。要解决这个问题，家长除了慢慢培养孩子的时间概念之外，不妨换一种沟通方式，可以试着把"你可以再玩10分钟""你还有5分钟时间"换成具象化的说法。比如：

◎ "你再滑5次滑梯，就回去写作业。"

◎ "堆完这个沙堡，我们就回家。"

◎ "看完这集动画片，我们就上床睡觉。"

如果家长这样说，即便是那些没有时间概念的孩子，也会对接下来的行动安排有个预判，而不至于像小亿一样，因为突然被中断游戏而感到沮丧。家长们也能减少唠叨，避免和孩子起冲突。

所以，不要再要求还没有时间概念的小孩子好好规划时间、珍惜时间了，也不要再喋喋不休地催促孩子"你还有 5 分钟""来不及了"，这是没有效果的。

❷ 引导孩子感受时间

家长嫌孩子磨蹭、拖延，其实往往是因为家长太快了，家长在用成人的节奏来要求孩子。与其催促和唠叨，家长不如试着引导孩子感受时间，陪他们好好地规划时间，有秩序地做事，在潜移默化中帮孩子学会时间管理，他们自然就会减少磨蹭。

要培养孩子的时间观念，家长与其每天催孩子：

⊗ "快点儿起床、洗脸。"

⊗ "10 分钟后马上出门。"

不如告诉孩子：

◯ "妈妈发现，你每天从起床到穿衣服要用 5~6 分钟，刷牙、洗脸要用 10 分钟。你现在起床正好来得及。"

◯ "现在是 6 点 40 分，你要想在 7 点钟出门，按时到校，现在就要去吃饭。"

> "你每天吃早饭、吃水果要用20分钟，如果现在不去刷牙、洗脸，你就只有时间吃饭，没时间吃水果了。"

父母的这些话术，会让孩子对时间有一个具象化的概念，让他了解到自己5分钟可以做些什么，每一个日常活动要花多少时间。慢慢地，他就会对自己每天的日常作息有一个估算，进而对时间进行有效管理。一旦孩子把控了合理的生活节奏，家长就可以避免催促、唠叨，只要从旁做一些辅助工作就好了。

3 拖延，源于负面情绪

年龄稍大的孩子，习惯性地拖延、磨蹭，可能有以下几种原因：

（1）要做的事情太有挑战性，孩子面对困难无从下手，只好原地不动。

（2）孩子感觉事情的结局无法控制，不愿意面对。

（3）孩子无论做得快还是做得慢，都会被爸妈催促、唠叨，索性更磨蹭，以示抗议。

对于前两种情况，家长可以关心地问问孩子：

◯ "是被什么问题卡住了吗？"

◯ "进行不下去了吗？需要帮忙吗？"

◯ "遇到什么困难了吗？"

这样问可以引导孩子说出自己的担心和恐惧，家长再针对性地给孩子以实际的支持和心理上的支持，而不是简单粗暴地指责孩子磨蹭、消极怠工。如果家长能做到这样，相信第三种情况也就迎刃而解了。

孩子磨蹭是个很普遍的情况，如何改善则是需要家长认真思考的问题，请家长们多一些观察和思考。观察和思考后再去行动远远胜于仅靠本能驱使而唠叨，甚至莽撞粗暴地指责孩子。

看完这一页，就去睡觉

"赶紧起床！今天周一了，现在都7点10分了！"周一一大早，佳欣睡得正香，就被妈妈的一通大吼惊醒了。妈妈接着又连珠炮一样催道："赶紧洗脸、刷牙，你的文具、书包都没收拾呢，校服也得赶紧找出来，这些事做完之后赶紧吃早饭。你爸先送你上学，然后还得赶紧去公司开会，所以你得抓紧时间……"

收到妈妈这一连串的指令，还没醒透的佳欣瞬间感到崩溃，痛苦地捂上了耳朵。妈妈见了更生气，催道："还发什么愣啊！赶紧啊，定了7点的闹钟，现在都7点10

分了！还得我过来叫你！要是嫌我啰唆，你倒是自觉点儿啊！"

佳欣的周一早上就这样在妈妈的催促声中手忙脚乱地开始了。上学路上，佳欣带着哭腔和爸爸说："妈妈总是这么催，我现在一听到她的声音就脑袋疼、头皮发麻。还一下子让我做那么多事，听着就烦……"

像佳欣妈妈一样，很多父母都有催孩子的习惯，比如：

⊗ "别磨蹭了，赶紧把牙刷了！"

⊗ "还站在那发什么呆啊，洗脸了吗？"

⊗ "穿衣服！穿衣服！快点儿，上学要迟到了！"

⊗ "吃完饭抓紧写作业，别拖拖拉拉的，又弄到半夜！"

⊗ "这都大半夜了，你怎么还不睡觉?！"

在这些父母眼中，孩子就得催，如果由着孩子磨蹭，一整天都做不了一件事。但是这些父母也总是会发现，他们越是催促，孩子就会越磨蹭，到最后变成不催不动的懒孩子。

而这样的恶果正是父母自己催出来的。父母习惯性地催促孩子做事，可能会产生以下不良后果。

1 让孩子失去独立性，形成依赖心理

孩子对这个世界充满了好奇心，要不断地去观察、探索和尝试新事物，做事的速度自然就会比较慢。那些缺乏耐心的父母就会不断催促孩子，有的还会越俎代庖，出手替孩子搞定。时间一长，孩子会觉得这些事情本来就应该是由父母来做的，自己乐享其成就好，这对孩子独立性的发展是相当有害的。

2 容易让孩子更加叛逆

很多时候，家长催促的语气、措辞、态度在孩子眼中就是不耐烦，就是一种指责，这会让孩子感到不知所措、愤怒，进而产生逆反心理。

3 打乱孩子的成长节奏

孩子的成长有自己的节奏，这节奏原本就比成人预期的要慢。父母的不断催促会打乱孩子的成长节奏。当孩子习惯于被父母催促着做事时，一旦父母不催促了，孩子就会彻底慢下来，变成真正的拖延、懒惰。而这又会让父母的催促变本加厉，使亲子关系陷入恶性循环。

4 破坏孩子的专注力

孩子原本在专注地做一件事，父母的催促会打断孩子的专

注。而且，每当父母开始催促时，多半是几件事情已然堆积在一起，必须同时处理，这种情况很容易让孩子陷入混乱、焦躁之中，对孩子良好性格的养成十分不利。

在催促孩子这件事上，家长既不应该放任自流，也不能过度管控，而要讲究一个正确的"催法"。

1 用温柔的提醒代替粗暴的催促

> "我们还有 15 分钟就得出门了，时间不等人哦！"

这种善意的提醒，比较适用于年龄大一点儿的孩子，让他在内心预设一个时间计划，估算一下在 15 分钟之内，他能做什么，要以多快的速度去做，这些都可以锻炼他的自主性。

> "要是你能马上起床、洗漱，出门之前你还能看一集动画片。"

对年龄小一点儿的孩子来说，给予奖赏和鼓励，他们就会更愿意配合大人抓紧时间做事，而且还不会招致孩子的反感。

2 在恰当的时机提醒孩子

如果孩子正在专注地做手上的事情，家长不要不分青红皂白就打断孩子，催促他做别的事情。最好多观察一会儿，找到恰当的时机来提醒孩子时间问题。比如，当孩子手上的事情完成一部分时，可以温和地提醒他一下：

> ◎ "完成这个拼图，你就得写作业喽！"
>
> ◎ "看完这一页绘本，我们就得上床睡觉了。"

❤3 为孩子提供支持，减少催促

有些孩子做事慢，不是因为故意拖延或是懒惰，而是他可能遇到了挑战和困难。这个时候，家长要为孩子提供恰当的支持，协助、陪伴孩子克服困难。可以关心地问问孩子：

> ◎ "你今天写作业的时间有点儿长，是遇到难题了吗？"
>
> ◎ "你书包还没有收拾好，是找不到东西了吗？"
>
> ◎ "你衣服还没穿好，要妈妈帮忙吗？"

如果家长能够在孩子的进度慢下来的时候，耐心地询问一下具体的原因，并适时伸出援手，就可以帮孩子提高做事效率，家长也能减少粗暴的催促和唠叨。多给孩子一点支持和鼓励，孩子一定会更加感激和敬佩这样的家长。

要遵守约定

今年 9 岁的丁丁仿佛一夜之间就变成了"小魔童",十分难以管教。妈妈越是耳提面命,叮嘱他不要这样、不要那样,丁丁越是偏要这样、偏要那样。比如,本来商量好的作息计划,但丁丁只坚持了 3 天,便丢在一边,任妈妈怎么提醒,他都充耳不闻。因为丁丁爸爸经常出差,所以丁丁都是由妈妈带,往往是一个休息日下来,妈妈便觉得带丁丁比上班还要累。

有朋友建议丁丁妈妈找个家庭教师带一带丁丁,也许会不一样。丁丁爸爸也不忍心让妈妈太辛苦,就同意了这个建议。

经过朋友介绍，丁丁妈妈很快找到了一位很出色的家庭教师——李老师。丁丁很喜欢李老师，因为她从不像妈妈那样总是对着他唠叨，而是轻声细语地提醒他。不过，丁丁也发现，李老师虽然表面上很和蔼，但她不像妈妈那么好"对付"。每当丁丁提不合理要求或是有越界行为时，李老师总能不动声色地引导丁丁回到正轨，从不做任何让步。

就在不久前的一天，丁丁放学后兴冲冲地回到家，草草地吃了几口饭就要出门去踢球。李老师看了一眼丁丁，和蔼地说："晚饭后半小时是写作业时间。"

丁丁说："我踢完球回来写。我们足球小组下周要参加校级比赛，得好好练一练。"

李老师听后没说话，但她的表情让丁丁觉得事情的进展似乎不会很顺利。即便如此，丁丁还是试探性地穿好球衣，来到门口。正当丁丁要换球鞋的时候，李老师不声不响地走到门口，把丁丁堵在了门里，说："先写作业。写完再去练球。"

李老师的语气依然很平静，但脸上的表情让丁丁不敢再向前迈进一步。丁丁一着急，哭了起来，一边哭一边看着李老师，希望她能做出让步。

但李老师说完那句话后就一直看着丁丁一言不发。僵持了2分钟后，李老师摘掉丁丁的帽子，拉他到沙发边坐下，语气坚定地说："要遵守约定，先写作业。"

见李老师一点儿没有让步的意思，丁丁十分泄气，他开始抽泣。哭了5分钟之后，连他自己都感到有点儿累了。但李老师就坐在他旁边，搂着他的肩膀，表情平静地看着他，还是不肯让步。丁丁感觉自己好像被什么东西定住了一样，就是不敢冲出门。

丁丁停止了抽泣，默默地坐在那里和李老师僵持着。这时，李老师把书包拿给丁丁，示意他去写作业。丁丁不肯接过书包，低头不语。李老师不理会丁丁的任性，拿了一本书坐到丁丁旁边。翻开书前，她看了一眼墙上的时钟说："你如果能抓紧时间写完作业，并且都合格的话，你还有时间去练球。"

说完这句话，李老师便静静地看起书来。

至此，丁丁已和李老师对峙了半个小时。丁丁此时也明白，现在出门练球已然完全不可能了，再认真想想李老师刚才说的话，觉得也不是没有道理。于是，丁丁抹了抹脸上的泪水，开始给足球小组的伙伴打电话商量改时间。

几个电话打下来，事情居然出奇顺利，因为另外几个同学也被家长要求先写作业，再踢球。这下，丁丁一心只想着赶紧写好作业，好早点儿去球场。

经历过几次类似的事后，丁丁逐渐明白了，李老师说的每一句话都是认真的，而且定好的约定在她那里是别想打破的，即便他哭闹、耍赖也毫无用处。反而，如果丁丁能好好地执行约定，还可以争取更多的时间来自由支配。一个学期后，丁丁变成了一个遵守约定、肯和大人合作的孩子，这让丁丁妈妈又惊又喜。

由丁丁的例子不难看出，想要培养一个遵守约定、按理"出牌"的孩子，一定不要像丁丁妈妈那样：

⊗ "我要说多少次，你才能好好写作业？"

⊗ "我已经说第四遍了，你怎么还不收拾？"

⊗ "这个约定是商量好的，你为什么不执行？"

给孩子制定规矩或约定，首先要考虑规矩或约定是否合理，以及是否和孩子的年龄相适应。比如，我们如果指望一个 2 岁的孩子持续 1 个小时安静地坐在大人身边，不打扰大人聚餐，这根本是不可能的事情。2 岁的孩子还没有能力把自己控制得那么好，无论是情绪控制还是身体上的控制，他都做不到。

所以在设定界限、制定规矩之前，要先问问自己：根据孩子的年龄和实际能力，这个约定是否合理？如果合理，接下来重要的是要和孩子充分协商，达成一致，而绝不能让这个约定变成父母单方面的指令。

一旦孩子同意约定，家长在监督的过程中就要保持言行一致。

就像例子中的李老师那样，简洁明了地回应："要遵守约定，先写作业。"

同时，李老师也用行动告诉了丁丁破坏约定的后果。所以，一定要让孩子看到，后果真的会发生。

值得注意的是，李老师在整个过程中始终保持语气坚定，但态度平和，这既对丁丁产生了一定的影响力，又避免了激怒丁丁。

第五章

**用尊重代替控制——
温柔教养让孩子更自信**

你慢慢说，我在听着呢

　　和所有高明的父母话术相比，最有效的话术其实是"倾听"。

　　不论多小的孩子，他们都有自己的想法、感受和需求。如果这些想法、感受和需求能够被他们所敬重的父母用心倾听，孩子就会得到极大的满足。特别是，如果父母在倾听的基础上能够很好地理解孩子，理解孩子话语中所表达的疑虑、喜好和困扰，并做出恰当的回应，那在这种环境中成长起来的孩子，一定会是一个身心健康、有一定作为的人。

　　但是，在现实生活中，很多父母总是有意无意地拒绝这种最有效的沟通方式。比如，当父母正忙于做家务的时候，孩子跑过来，说："妈妈（爸爸），我和您说……"

不少父母可能会因为家务缠身而失去耐心，对孩子说：

⊗ "宝贝，你先等一会儿，等妈妈把菜择完。"

⊗ "作业写完了吗，就跑出来闲聊？"

⊗ "没看到我正忙着呢吗？自己去玩吧。"

⊗ "你哪来那么多废话啊！写作文怎么没词呢？"

试想一下，如果我们是孩子，听了父母的上述话语，会是什么感受呢？失望？委屈？愤怒？相信没有哪一个孩子会感到高兴或满意吧？

父母这样的回应不但会使孩子产生很多负面情绪，而且还会让孩子觉得：

"我是微不足道的，都不如妈妈手里的菜重要。"

"写不完作业，我就没有资格做其他的。"

"爸爸（妈妈）一定不喜欢我，连我说的话都不想听，只想让我自己玩。"

"我的话都是废话，那我以后就不说了。"

对于孩子的这些想法，不善于倾听的父母可能永远也没有机会听到。当然，这些父母也并不是有意为之，故意要带给孩子这样的伤害。身为父母，也都有自身的难处。比如，刚刚在单位摆脱了一场人事危机，身心俱疲地回到家，发现家里还有好几张嘴巴在等着吃饭，又不得不马不停蹄地去买菜、做饭。置身厨房，耳边是抽油烟机的轰鸣声，鼻子里满是呛人的油烟味，偏偏在这个时候，孩子又跑进来"添乱"，耐心就会在一瞬间消失……

虽然如此，父母们依然可以做出选择。如果不想让孩子以后封闭自我，父母们不妨放松一下，暂时从自己的状态中抽身出来，和孩子开启一场亲子对话，也许会有不一样的收获。你可以尝试着和孩子这样说：

◎"你说吧，我听着呢。"

◎"小宝贝，你有什么好玩的要和妈妈分享呀？"

◎"什么事呀，这么开心？"

◎"怎么了？快和爸爸说说！"

家长肯静下心来，倾听孩子说话，就是对孩子最大的尊重，这表明父母愿意聆听他们的想法，在意他们的感受。而能够被父母尊重和重视的孩子，会在无形中建立起自尊和自信。

同时，倾听孩子说话，也是在给孩子一个莫大的鼓励——鼓励他们勇于表达自己的想法和情绪，而这能很好地培养孩子的表达能力，提高他们与人沟通的能力和解决问题的能力。

值得注意的是，我们在倾听孩子的时候，要尽量避免打断孩子的话，更不能轻率、粗暴地评判或指责孩子；否则，可能会让孩子感到不被理解和接纳。父母应该微笑地看着孩子的眼睛，表现出倾听的兴趣，同时给予积极的反馈，比如点头或是发出"哦""呀"等语气词，以表明对他的话题的理解或是积极回应的态度，这样可以鼓励孩子继续说下去。父母也可以通过提问或反馈来鼓励孩子深入思考，提出自己的想法。比如：

◎ "你怎么看这个事情呢？"

◎ "你觉得这个同学做得怎么样？"

恰当地提出这类开放式的问题，不但表明父母们在认真倾听，积极关注孩子的话题，同时也可以引导孩子更好地表达自己。

倾听，不但是对孩子的尊重，更有助于父母和孩子建立高水平的情感链接和亲子关系。美国儿科医生戈尔德博士通过敏锐的洞察和前沿的研究发现：父母哪怕是给予孩子一次短暂而投入的倾听，也可以让亲子关系发生巨大转变。

有儿童心理专家甚至表示，倾听还有心理疗愈的作用。如果家长能够给予足够的时间去倾听孩子，这本身就是一种治疗。而那些有"行为问题"、有"情绪和心理问题"的孩子，其往往都隐藏着不被理解的感受、无法表达的情绪。家长拒绝倾听、回应孩子，是对孩子感情的无情压制，甚至会对孩子的大脑产生巨大影响，也会给孩子的成长留下巨大隐患。

父母要谨记：倾听和接纳孩子的每一种情绪，是对孩子最好的养育。

总之，倾听在亲子关系中是非常重要的。父母们如果愿意修炼自己的话术，不妨试试最低成本、最高收益的父母话术——倾听。

你要不要试试这个

"又哭?!又哭?!哭也没用!必须上学!"

"一道作业题写了半小时!你要么抓紧写,要么到墙角站着去!"

"有同学欺负你,你倒是告诉老师和家长啊!"

…………

有些家长一看到孩子的表现不如意,第一时间就会想到要批评、教育,并以命令的方式让孩子改正行为。这些家长觉得,自己的态度越威严,命令越直接,孩子就会越听话。但结果却总是事与愿违。家长越是控制，越是急于解决孩子的问题，孩子的问题可能会越多。

所以，家长们不妨换个思路，与其控制问题，不如静下心来"看到孩子"，看到孩子遇到的困难，尊重孩子在困难中的不适感受，进而提供恰当的帮助，这样才能真正解决问题。

1 尊重孩子在困难中的不适感受和不当行为

我们可以试着把前面的话换个说法：

> ✅ "你最近一上学就哭，是遇到什么不开心的事了吗？是老师批评你了吗，还是小朋友欺负你了？"
>
> ✅ "作业写得不顺利吗？爸爸能帮你什么吗？"
>
> ✅ "被欺负了也不告诉我，你是担心说了也白说，爸妈根本帮不了你吗？"

这样说，就表明家长在体谅孩子的难处，而不是一味地在表面上控制孩子。对孩子而言，他们就会感受到被接纳、被尊重。有了这种良好的体验，孩子以后再遇到问题或困难时，就会放心大胆地主动寻求家长或老师的帮助。

有些家长抱怨"孩子根本不和我们沟通，问都问不出来"，有没有一种可能：孩子最初其实是愿意和父母分享的，但是当他们发现父母回应他们的是居高临下的命令时，他们就慢慢学会了缄口不言？

家长的操控和命令会让孩子产生被役使的屈辱感，有如此遭遇的孩子在遇到问题和困难时，首先想到的可能不是寻求帮助、解决问题，而是担心家长的威压和命令。为了逃避家长的高压，他们可能就会放弃求助，时间一长，问题就会越积越多，形成恶性循环。也有的孩子因为担心被责骂、被操控，只能靠磨蹭、哭闹来逃避问题和困难。

更为严重的是，家长一味地操控、命令孩子，也会让孩子产生自我怀疑，失去自信，缺乏主见。

所以，请家长们放弃控制，不要再以催促、命令来解决问题，而是要看到孩子的无助和行为背后的心理需求，并给予恰当的回应，让他们感受到被重视、被尊重，他们就会对家长多一些信任，也就愿意向家长敞开心扉。只有这样，家长才有机会听到孩子内心的想法，才有机会了解孩子在意什么，从而让孩子健康地成长。

2 尊重孩子选择的权利

喜欢控制孩子、为孩子做主的家长，往往会无意识地以自己的标准和喜好来要求孩子，以致剥夺了孩子自由选择的权利。比如，孩子想学书法，控制型的家长会说：

⊗ "学什么书法！学舞蹈多好，提升气质还锻炼身体！"

孩子贪玩不想上床睡觉，控制型的家长会说：

⊗ "赶紧睡觉！别磨蹭！"

孩子书写吃力，字写得歪歪扭扭，控制型的家长会说：

⊗ "照这个字帖描红！一天描10页，不信你写不好！"

在这些家长眼中，孩子喜欢什么，那只是一时兴趣，不如家长考虑得长远。孩子做什么、怎么做，也需要家长来立个规矩，孩子就应该按规矩来做。

如果父母只站在自己的角度思考问题，否定孩子的想法和感受，会让孩子承受巨大的压力，产生巨大的挫败感。这样的孩子很难有主见。他们做事情时，关注点往往不是目前要做的事情，而是周围人的情绪和看法，担心自己的行为是不是符合大人的预期，做不好会不会招来父母的责骂，这样一来，可能真的会把事情搞砸。

所以，请父母放弃控制，只要孩子没有危害自己和他人，家长就不要总盯着孩子，对他指手画脚，而应把自由还给孩子，给他们自由选择的权利，让孩子真正放松、专注地去做事。

所以，上面的话就可以换一种说法：

> ◎ "想学书法？不错呀！要不要先上几次体验课感受一下，然后再确定是否正式报名？"
>
> ◎ "再不睡，明早就起不来床，上学就会迟到。你愿意上学迟到被批评吗？"
>
> ◎ "你要不要试试这个字帖，描红几页，看能不能改善一下书写？"

爱是一切教育的前提。家长放弃控制，接纳、尊重、信任孩子，让孩子拥有被爱的底气，他就有勇气面对一切困难。

我认为应该……你觉得呢

"让你问阿姨好呢！快问好啊！"

妈妈让小宇向朋友问好，一向十分害羞的小宇此时紧张得快要原地爆炸了，但是迫于妈妈的威压，他还是小声地说了一句："阿姨好！"妈妈觉得小宇的表现让她十分没面子，为缓解尴尬，挽回面子，她便当着朋友的面骂了小宇一句："跟蚊子哼哼一样，没个男子汉样，真丢人！"小宇更难受了，抿着嘴唇差点儿哭出来。

可能在小宇妈妈看来，小孩子的行为让大人没面子就应该教训一下。至于小孩子的面子嘛，他们还小，不会在乎的，被骂两句也没关系，一转身就会忘掉的。但是，儿童心理学家告诉我们：孩子四五岁的时候就开始有羞耻心了，就会在乎别人怎么看待自己，而且，他们还会为了赢得别人的夸赞而努力维护形象。

美国著名心理学大师埃里克森则认为，儿童在 3 岁时就有了羞耻感。在这一时期，如果父母不公正地辱骂孩子，孩子就会感觉到羞耻，而经常被羞耻感包围的孩子会丧失自尊，自我控制感也会变弱。所以，家长们不要再因为孩子行为不当就随意训斥孩子，损害他们的面子和尊严了。

❶ 家长要多使用促进合作的语言

好的家庭教育绝不是家长控制孩子，而往往是家长更多地争取孩子的合作，亲子之间缔结成长联盟，共同面对孩子成长中的困难和挑战。所以家长与其控制孩子，不如多争取孩子的合作。比如，当孩子在客厅的墙上乱涂乱画时，控制型的父母可能会威胁孩子：

⊗ "如果再发现你在墙上乱写乱画，我就把你的画笔都扔了。"

而尊重孩子的父母可能会说:

> ✓ "在客厅的墙上画画会弄脏墙壁和地毯。你能不能去
> 自己房间或是在纸上画画?"

再比如,当父母在打电话,而孩子因为有急事打断父母时,控制型的父母可能会因为生气而吼道:

> ⊗ "你就不能让我把电话打完再说吗?"

而尊重孩子的父母可能会说:

> ✓ "等我先打完这个电话,你可以把想说的先写下来。"

如果家长能够尊重孩子,平等地把孩子看作是和自己一样的个体,愿意和孩子形成一个成长联盟,那么,孩子就会更多地向父母敞开心扉,减少对抗和抵触。孩子的自尊和自爱能力也会得到最大限度的发展,为将来建立健康的人际关系打好基础。

❷ 家长要适当放手

尊重孩子,还体现在家长不过度操控孩子的行为和情绪,少一点儿支配和命令,多一点儿尊重和认可。

家长过度控制孩子，可能会导致亲子关系非常糟糕——彼此对抗，互相压制。每当家长命令孩子做某件事或者强迫孩子要怎么做时，往往就会引发一场家庭"战争"。

家长与孩子之间的对抗没有赢家，只有双输的结局。家长越是想通过权威来压制孩子，就越容易招致孩子的报复行为。他们通过报复来表达不满，反抗家长的压制。恶性循环的家庭"战争"就此开始。

而且，在这场家庭"战争"中，孩子的破坏力往往会更加大，他们因为思想不成熟，很难预计行为后果，所以根本不在乎自己的行为会造成什么危害。这种相互拉扯、对立的状态，会使孩子把更多精力放在怎样对抗家长、报复家长上，他们会因此变得非常叛逆，甚至走上没有未来的犯罪道路。

如果家长能够放弃自己的权威和强势，用尊重和沟通代替命令和控制，就会有效减少和孩子的家庭战争。

在平时的沟通中，家长要尽量少讲这样的话：

⊗ "吃饭时不要大声说话。"

⊗ "放学后必须先回家写作业。"

另外，还包括"不要""不行""不可以""必须""应该"等带有强烈支配性、命令性的语言，而要尽量多使用征询的、商量的措辞，如：

⊘ "这个事情是……你的想法呢？"

⊘ "我认为应该……你觉得呢？"

这样的语言可以减少孩子被控制、被要求的感觉，他们也就会收起对抗的尖刺，愿意配合家长的合理要求。

请家长减少对孩子的控制，除非他们的行为会危及自己或他人的生命安全，家长必须采用强制手段进行干涉。其余的情况，家长最好把孩子能够胜任的事情交给他们自己去掌控，家长只需在一旁辅助，当孩子需要帮助时，家长们再及时伸出援手提供帮助即可。在这样的亲子关系模式下，家长和孩子之间就会少一些"战争"，多一些合作。在这个过程中，最终收获成长的绝不止孩子，也包括家长自己。

你们和好吧

　　小嘉家里来了一位小客人，名叫彬彬。彬彬比小嘉小半岁，两个小朋友很快就玩到了一起。他们一起玩积木。小嘉准备建造一座火车站，而彬彬想在火车站旁边修一条铁路。

　　两个小家伙一开始玩得十分开心，但就在小嘉的车站快要搭完的时候，意外出现了：小嘉和彬彬都需要一块长积木，争执了半天，谁也不肯让步，最后，两个人扭打在了一起。

　　两个小家伙一开始起争执的时候，小嘉的妈妈就看在眼里，但她希望他们能自己处理，就没有干预。当看到两个孩子扭打起来时，她觉得不能不出面了，于是赶紧上前拉开两个孩子。

小嘉见妈妈出面了，委屈感一下子就上来了，大哭起来。彬彬在一边也是又气又怕，又不敢像小嘉一样放声大哭，小脸涨得通红。

小嘉妈妈见两个孩子情绪都很激动，便喊来老公把小嘉带到另外一个房间。小嘉走后，小嘉妈妈搂过彬彬，拍着他的后背安慰道："哎哟，看把我们彬彬气得。快让李妈（小嘉妈妈姓李）抱抱。"这一抱，让彬彬好像找到了靠山，之前紧绷的情绪一下松弛下来，也开始大哭。小嘉妈妈把彬彬抱得更紧了，继续哄道："彬彬好委屈呢，委屈就哭吧，李妈陪着彬彬。"

彬彬在小嘉妈妈怀里抽抽搭搭哭了一会儿就安静了。小嘉妈妈见彬彬情绪好转了，便问："刚刚怎么了？玩得好好的，怎么就打起来了？"

彬彬把打架经过复述了一遍。小嘉妈妈说："嗯，李妈知道了，我们现在把小嘉叫出来，也一起聊聊，好不好？"

彬彬犹豫了一下，但很快就点头同意了。

此时的小嘉在爸爸的安抚下，情绪也恢复了平静。妈妈把小嘉拉到彬彬旁边，让小嘉也讲述一遍打架的原委。小嘉理直气壮地说："是彬彬抢我的积木，我先拿到的长积木。"

妈妈说："所以呢，你就很不服气，就和彬彬打起来了？"

小嘉回复道："嗯！"

妈妈问道："如果让你想个办法，既能搭完车站，又不和彬彬抢长积木，你有办法吗？"

小嘉："……"

彬彬说："李妈，我想到了，可以用几个短积木拼成一个长积木。"

小嘉妈妈赞赏地看着彬彬，又看看小嘉，说："你现在应该高兴才对，因为你多了一个小伙伴，你们两个一起玩不是比你一个人玩更有意思吗？你以前不是一直想找小伙伴的吗？"

小嘉听了不再吭声，盯着彬彬看了一会儿，两个人都不约而同地笑了起来。

小嘉妈妈说："现在你们和好吧！"

于是，两个小家伙很快又重新搭起了积木。

案例中，小嘉妈妈面对孩子打架非常冷静，她先把两个孩子分开，安抚孩子的情绪。她通过搂抱和语言安抚了彬彬的愤怒和委屈，让彬彬把情绪宣泄出来。

当彬彬的情绪恢复平静后，小嘉妈妈才开始询问打架的原因。虽然她在这之前把一切都看在眼里，但她还是问了彬彬，这其实是给孩子一个复述事件过程的机会。这个过程可以让大人更加了解孩子对事件的看法及感受，以便更好地处理矛盾。

接下来，经过彬彬同意，妈妈让已经恢复平静的小嘉也复述了打架的经过。妈妈也安抚了小嘉"被抢""不服气"的情绪，同时教育、引导两个孩子自己想办法解决冲突。

最终，两个孩子重归于好。

小嘉妈妈的高明之处在于，她没有像有的家长那样，一看到小孩子打架，不问青红皂白，就主观臆断孩子的对错：

⊗ "你为什么打小朋友？多没教养！"

⊗ "我平时怎么教育你的？打人不是好孩子！"

⊗ "再打我家孩子，我就收拾你！"

像这样的处理方式，就是没有考虑到孩子的情绪问题，认为只要是打架就是不对的，就应该批评、教育，于是就不问原因，直接打压、控制孩子的行为，甚至进行责骂。这虽然可以很快制止孩子的打架行为，但孩子心中的结没有解开，孩子处理冲突的方式也没有得到改进，这无形中就为孩子下一次打架埋下了祸根。

而小嘉妈妈却看到：孩子打架多半是因为争抢事件引起了情绪爆发，孩子管理情绪的能力又弱，往往一言不合就会诉诸武力。这个时候，父母不应该急于判断谁对谁错，更没必要逼着孩子道歉，而更应该首先关注、尊重孩子的情绪。安抚好孩子的情绪后，孩子才能够站在对方的角度去考虑问题。这个时候，家长就可以针对事件引导孩子学习解决冲突的方式方法。

小孩子打架，是他们人际交往中必不可少的环节，也是他们情感充沛、内在生命力旺盛的表现。做家长的，重在正确引导，引导孩子心胸豁达，学会和他人协商解决问题，不要因为小事大动干戈。同时，也要引导孩子学会维护自身的权益，如果自己被同学无故欺负，要学会自我保护，积极寻求老师、父母的帮助。

你这么喜欢……，我给你买了……

"你赶紧把那些爬虫给我扔了！什么爱好不行，非要弄这些吓人的玩意儿！"

"如果你这周能好好写作业，妈妈周末就带你去滑雪。"

"你小小年纪知道个啥，按大人说的去做就行了！"

上面这些话是很多父母常常挂在嘴边的。这些父母很喜欢操控、包办孩子的生活，却忽视了孩子的感受。他们这样做是把自己的经验和判断强加在孩子身上，剥夺了孩子和世界接触，进行深度体验的机会。这种控制型父母可能会养育出令人"羡慕"

的、看上去很"听话"的孩子，但是这样的孩子却如同牵线木偶，内心匮乏，没有主见，一旦离开了父母的掌控，他们便寸步难行，这是非常可怕又可悲的。

要避免这样的悲剧，家长就要放弃控制，具体可以从以下三点来进行。

❤① 尊重孩子的喜好，不评判、不打扰

兴趣是最好的老师。当孩子做自己喜欢的事情时，他就会非常专注、认真，他的创造力和潜力就会得到充分发挥。所以说，良好的兴趣爱好是帮助孩子开发智力、获取知识、培养能力的有利条件。

当孩子全身心投入自己热爱的事情时，家长最好不阻止、不打扰，给孩子足够的空间和自由去探索、钻研。当然，如果在这个基础上，家长还力所能及地为孩子提供支持，那孩子会更感激父母。比如：

⊘ "儿子，你不是喜欢观察昆虫吗？爸爸给你买了法布尔的《昆虫记》。"

⊘ "你这么爱听古曲，有没有想过参加古琴演奏学习小组？"

⊘ "你今天的造型是在cosplay（装扮）孙悟空吗？建议你看看《西游记》原著，那里面对孙悟空外貌的描述很生动。"

当然，有的孩子可能会因为过于投入兴趣爱好中，而影响了正常的学习、生活，家长也不能听之任之，但千万不能简单粗暴地制止。比如：

⊗ "如果你再三更半夜搞这些，影响休息和学习，我就禁止你的这项爱好！"

⊗ "作业都不写，就开始弄这个?! 坚决不允许！"

⊗ "除非你期末考试前进5名，不然，你的这些小玩意儿就都当垃圾处理！"

家长应该对孩子进行适当的引导，提醒孩子正确对待爱好，处理好爱好和学习、生活之间的关系，合理分配精力和时间。比如：

⊘ "你要不要重新规划一下时间，只在周末的时候做手工？"

　　◎ "我发现，你这一周每天都花很多时间观察宠物，作业都写得潦草了。你怎么看这个问题？"

　　◎ "最近晚饭都不回来吃，是在打球吗？我担心这样会影响你的身体健康啊！"

　　家长尊重孩子的喜好，就是在尊重孩子的选择权和好奇心，就是在保护孩子主宰自己人生的能力和动力。

　　② **不用物质奖惩控制孩子**

　　不少家长为了激励或者限制孩子的某些行为，总是采用物质奖惩的办法。比如：

　　⊗ "如果你能考进××重点中学，我就买平板电脑给你。"

　　⊗ "这次考试成绩下降这么多，这个月的零花钱没有了！"

　　这其实是在用物质来控制孩子。这种做法会让孩子觉得父母的爱是有条件的，只有达到了父母的期望，他才配得到爱。这类孩子的内心会非常匮乏，他们非常关注别人的评价，会错误地认为，如果自己无法赢得他人的赞许，那么他就是没有价值的，不配享受好的物质。

所以，家长要避免在语言上给孩子错误的暗示，要正向鼓励、欣赏孩子。比如下面这段对话：

> 儿子："爸爸，我今天考试都没及格，为什么还要带我吃大餐呀？"
>
> 爸爸："吃大餐和成绩没关系，而是我儿子想吃。我们之前就说好了要今天去吃。"

在这位爸爸眼中，配得上大餐的不是成绩，而是他可爱的儿子。试想，哪个孩子听了爸爸这句爱意满满的话会不感动呢？

❤3 不包办孩子的生活

⊗ "哎呀，你这样弄不行，还是我来吧。"

⊗ "时间来不及了，我来吧。"

⊗ "这个你做不好的，我来吧。"

常常这样说话的父母，往往一边抱怨孩子什么都不会，一边又急于包办孩子的一切，不给他们动手锻炼的机会。

类似的还有：

> ⊗ "女孩子穿成这样不安全，我给你找了这件，换上这件再出门！"
>
> ⊗ "我和老师说了，这次游学你不能去，你从来没离开过我们，我不放心。"

　　家长喜欢当"救火员"，替孩子包办一切，不但剥夺了孩子体验和试错的机会，还会让孩子产生强烈的挫败感，看到父母三下五除二就帮自己搞定了麻烦，孩子可能会想："我费了半天劲都没办好的事，我妈居然一出手就搞定了，我真没用。"

　　而且，长此以往，孩子还会形成思维定式："有困难让父母解决就行了，干吗和自己过不去呢？"

　　心理学界一直提倡家长做"60分父母"，就是提醒父母不要手脚太勤快，事事为孩子搞定，而要放手让孩子自己去探索和试错，家长只要在必要的时候及时出现，帮助、鼓励孩子就足够了。比如，当发现孩子做事的思路不对时，父母可以提醒孩子：

> ⊘ "这个玩具太大了，你最好试试用大一点儿的口袋装它。"

　　父母这样说，是帮助孩子界定问题，启发孩子动脑筋，思考另外一种解决问题的方法，鼓励孩子动手尝试。

> ⊘ "时间来不及了，你拿着它去车上弄怎么样？"

这样的提醒为孩子提供了灵活处理问题的视角，有利于培养孩子决策的灵活性和多样性。

总之，父母总是一手包办孩子的事情，会剥夺孩子自主探索和体验的机会，这对孩子的危害是显而易见的。世界那么大，孩子总有一天要出去看一看、走一走，见识和能力就是孩子行走世界的铠甲和武器，请家长们不要剥夺它们。

最温柔、最有力量的父母话术——言传身教

　　小瑞的爸爸有一个行为很不好：喜欢在背后议论别人，对别人的长相、人品、能力品头论足。而且，说这些的时候还从来不避讳小瑞。

　　有一天，小瑞和爸爸在路上遇到了楼下的邻居王奶奶带着小孙子在遛弯。两个大人刚刚寒暄了两句，小瑞突然对王奶奶的孙子说："你确实长得挺黑的，我爸说你像个小黑熊崽子……"

　　小瑞的话一出口，两个大人都尴尬得说不出话，王奶奶的小孙子气得直跺脚。最后，他们不欢而散。

　　回到家后，爸爸生气地骂小瑞："就你嘴欠，这种话能

当面说吗?!"小瑞却一脸不服气:"那您咋天天说呢?"爸爸怒瞪着小瑞却哑口无言。

遭遇了儿子亲手制造的尴尬后,不知道小瑞爸爸是否能够反省一下自己平时的言行对孩子造成的影响。

有人曾做过这样的比喻:"孩子的眼睛如同摄像机,耳朵如同收音机,大脑如同计算机。"意思是,父母的言行会被孩子的眼睛、耳朵记录下来,并传输到大脑里,复刻到言行中。因此,父母要时刻注意自己的言行,为孩子做好的榜样。

建议一:父母要规范自己的言行

小孩子的模仿能力很强,但辨别是非的能力却很有限。很多时候,大人随口说出的一句话、随意做出的一个动作,大人自己都没放在心上,却深深刻在了孩子的脑海中。而且,越是不良的言行,越容易被孩子模仿。

所以,如果希望孩子有礼貌、有教养,父母就要在言行上做出榜样,多用一些礼貌用语,比如"谢谢""请";如果希望孩子待人友善,受人欢迎,父母就不要尖酸刻薄地谈论他人,挑拨是非;如果希望孩子诚实守信,父母就不要在孩子面前说谎,哪怕是善意的谎言,也要避免。

建议二：父母要说到做到，言行一致

一些父母为了激励孩子好好学习，常常承诺孩子会如何如何。但是，在需要家长履行承诺时，他们却又因为各种原因无法兑现。更糟糕的是，很多父母还用各种借口来推脱，搪塞孩子。在这些家长看来，对待小孩子，大人没必要那么认真。但是，这些家长却不知道，他们这种随意毁诺的行为会让孩子感到非常失望、伤心和愤怒。孩子会觉得父母欺骗了自己，根本不重视自己，进而对父母失去信任和尊重。

而且，孩子也会有样学样，和家长一样学会搪塞和敷衍，学会逃避责任。在孩子看来，家长可以这样做，他们也一样可以，还会错误地认为这是一种正常的沟通方式、一种合理的应对策略。渐渐地，孩子就会在这种潜移默化中失去诚实品格和责任心。

建议三：要求孩子做到的，父母首先要做到

在日常生活中，我们常常会遇到这样的家长：他们一边严格要求孩子好好写作业，一边却坐在一旁玩手机、刷视频，或者上网玩游戏、打麻将。面对父母的这种言行，孩子即便屈从于大人的威压不得不耐着性子写作业，但心里肯定会很生气："凭什么我就得辛辛苦苦地写作业，而您却在一边玩？"

所以，如果父母希望孩子热爱学习，自己就要以身作则。比如，当孩子好好读书、写作业的时候，父母最好也拿一本书陪在孩子旁边看，营造一个和孩子共同学习的氛围。

小庆的爸爸是一个特别喜欢读书的人，每个月，他都会带小庆去书店逛上两三次，每次都会买两三本好书回家看。慢慢地，小庆也继承了爸爸的优点，喜欢逛书店、看书，甚至在一家三口逛超市的时候，小庆都要在图书区逗留很长时间。

日积月累，小庆不但功课非常好，而且读了很多历史书、科普书、人物传记等，每次学校举行知识竞赛，他总能以自己丰富的知识为班级捧回冠军奖杯。

家长教育子女，其实从来不是居高临下地强势呵斥，也不是苦口婆心地空洞说教，而是言传身教，父母的一言一行、一举一动无时不在、无处不在影响和熏陶着孩子。所以，家长们一定不要忽视言传身教的作用，不要以为只有对孩子进行说教才是教育。我们无意当中说出的每一句话、做出的每一个举动，都是对孩子最重要的、最直接的教育。